Germán Palacios Ríos

Ranquil

Alto Bíobío, 1934

La violencia en la Expansión
de la Propiedad Agrícola

Inscripción Nº 234.070
ISBN 978-956-393-149-5
Derechos reservados para todos los países
Cuarta Edición 2020
Ediciones Factum
Santiago – Chile

"Me llamo Ismael Carter. Tengo 71 años. Vivo en Ranquil, nosotros, los del lugar, afirmamos la palabra en la letra a: Ránquil."

¿Quién puede decir "soy el verdadero propietario"? ¨ ¿El "hombre de la tierra", que en tiempos inmemoriales nació en ella, vivió sobre ella, y la amó compartiéndola, comunitariamente, con todos y entre todos? ¨ ¿O el hombre pobre que llegó hasta ella buscando asilo contra la exclusión, arranchándose entre aborígenes, levantando familia y laborando con esfuerzo para realizar su proyecto de vida campesina?

¨ ¿O el capitalista de la gran ciudad que, requerido por el mercado y la dinámica de su propia acumulación, se apropia de las tierras vírgenes y comunitarias para construir sobre ellas - y sobre sus primeros poseedores - una empresa moderna, una gran explotación económica? "¿O el político de Estado, que, atento siempre a los intereses mayores, administra los derechos, la legalidad y la fuerza pública, que en conjunto prevalecen sobre todo y 'constituyen' la propiedad?

La 'propiedad' de la tierra -la relación permanente entre la sociedad humana y su propio suelo reproductivo- no ha sido una relación natural sino social. No un derecho inalienable sino una históricamente alienable. El poder del Capital, unido al del Estado, sumados e integrados, han tornado obsoleto e invalido todo derecho 'natural' sobre la tierra. Y de nada ha valido que los pueblos indígenas hayan intentado hacer valer que ellos, desde tiempos inmemoriales, hayan sido los únicos y legítimos "hombres de la tierra". O que los campesinos autóctonos hayan hecho presente que ellos han sido los primeros colonos o los primeros productores históricos. Pues en Chile, como en otras partes, la propiedad agraria se constituyó en y formó parte del mismo proceso de constitución del Capital y del Estado. Por lo que no se ha reconocido jamás ninguna propiedad anterior al Capital o al Estado.

Ante ese despojo ¿a qué, derecho puede recurrir el pueblo nativo o el campesinado autóctono? ¿Cuál es el Derecho de los pueblos o masas sociales que no tienen ni Capital ni Estado? ¿Qué indica, para esos casos, el desechado y marginado derecho natural?

En primer lugar: conservar la memoria de la tierra y de los hombres de la tierra. La tradición comunitaria. Los respetos ecológicos. Las leyendas, los mitos y los ritos. La legitimidad. Y también, acaso, la identidad.

En segundo lugar, y en consecuencia de lo primero: hacer pesar y sentir el respeto a la memoria social de la tierra. Contra el manto de olvido que el Capital y el Estado moderno echan regularmente sobre la memoria, la identidad histórica y los derechos naturales de los pueblos autóctonos. Y esto puede dar lugar, desde una actitud de resistencia puramente cultural, hasta una conducta de resistencia activa, política, física.

Por ello, las luchas de resistencia campesina, aunque ilegales, han sido legítimas. Y la represión violenta a las revueltas campesinas, aunque legal, ha violado el derecho natural y la memoria de los pueblos autóctonos.

Los procesos históricos tienen, a menudo, planos diversos y diversos tiempos. Dobles fondos y ritmos cruzados.

Ranquil estuvo en el centro de todo eso. Fue una encrucijada crítica de planos y tiempos, de legalidades ilegítimas y legitimidades ilegalizadas. No hay criterios únicos, en consecuencia, para hacer un juicio histórico unívocamente articulado.

En la historia, sin embargo, el avance arrollador de las legalidades ha arrinconado y hecho olvidar las legitimidades naturales de los pueblos, pero no las ha matado. Esas legitimidades podrán ser acusadasE de premodernidad, de inactualidad, pero no de que no tengan vida. Nunca mueren. Ni siquiera después de 500 años.

En este libro, Germán Palacios nos sitúa en el terreno de los olvidos modernos. En la perspectiva de las legitimidades naturales de los pueblos autóctonos. En el Derecho archivado en la enorme memoria del "bajo pueblo". Entrar allí y hablar desde allí -como hace Germán- no es hoy ni tarea de moda ni tarea fácil. Pero el que lo hace aprende y enseña que la historia y las sociedades modernas tienen planos ocultos de identidad profunda que reclaman de nosotros, todavía y siempre, una actitud de mayor autenticidad y solidaridad hacia ella.

Es el impulso que me ha transmitido este trabajo.

Gabriel Salazar
Premio Nacional de Historia

Prólogo 2

Ranquil: del mito a la discusión hitoriográfica

La participación en los sucesos de Ranquil realizada por indígenas, comuneros, colonos pobres, obreros del túnel Las Raíces, dirigidos por Juan Segundo Leiva Tapia cuya singularidad se expresa en su autonomía y forma de conducción del sindicato cuando dice: "Pues bien, compañeros, antes que nuestros ideales meramente teóricos, están nuestros intereses regionales e institucionales; está la vida de nuestra naciente colonia del Alto Bíobío; está nuestra organización sindical agraria, todo esto que hoy por hoy es nuestro ideal prendido en la realidad. Para seguir adelante con nuestra obra necesitamos paz, tranquilidad, justicia venga de donde venga" (El Mercurio E4/10/1934.97-98,) con estas afirmaciones aparece impulsando una lucha fuera del contexto de la emergente política agraria del Partico Comunista de Chile (entrevista a Julieta Campusano para una Historia Oral del PCCH, 19 noviembre 1990); agreguemos algunos pulperos y parceleros que se incorporaron al Sindicato Agrícola de Lonquimay (existía de hecho desde 1929) como un elementos contradictorio y contrario al grupo de integrantes enunciado anteriormente y que llegado el momento no tuvieron problemas para ser parte de su división; consideremos también la participación del Estado de Chile con su intervención policial y militar pues, Alessandri requiere contar con un orden político y social que le permita generar las autoridades políticas mediante elecciones y así validar la Constitución de 1925; además, indiquemos que el PCCH en 1933 mientras manifestaba una discusión por subestimar el trabajo en el campo y se planteaba la tarea de organizar sindicatos agrícolas en Linares, Temuco y

Talca con 150 afiliados cada uno (Boletín del Comité Central del P.C. de Chile, Nº 4, febrero de 1933), en Lonquimay ya existía uno que impulsaba la lucha reivindicativa de los colonos pobres y del que se conocía solo por boca de Leiva Tapia y por la prensa después de los sucesos de Ranquil.

Todos estos elementos constituyen hechos que encierran una gran cantidad de posibles descripciones e interpretaciones esperando ser reconocidas o descubiertas de nuevo. Esta actividad de discernimiento es imperfecta, parcial, unilateral, además, la materialidad del hecho no constituye más que un elemento entre muchos de los que se realizan en la cotidianeidad de la conducta individual o social en el marco de un proyecto de vida, tener un lugar donde vivir, trabajar y cumplir un sueño.

Frente a estos actos y/o proyectos que están bajo el manto del olvido o de la negación histórica, se levanta el historiador dedicado a recuperarlos, describiéndolos y reconstituyéndolos, pero a la vez interpretando la intención que los animó o los anima por medio de una hipótesis explicativa. Por lo tanto, los hechos van acompañados de una interpretación individual o colectiva que lo recupera y los interpreta para que sea inteligible.

Si nos queremos situar en el problema de las causas que originan los acontecimiento del alto Bíobío podemos indicar las remotas (constitución de la propiedad privada desde la llegada del conquistador y tratada en la primera parte de este trabajo) e inmediatas en las que podemos distinguir dos: la primera se relaciona con la situación pendiente de la tenencia de la tierra y originada por las negociaciones y el advenimiento chilenoargentino de 1881, siendo Ministro de Guerra don Francisco Puelma Tupper quien "… poseía una propiedad denominada San Ignacio de Pemehue, ubicada en el nacimiento del río Renaico y cuyo deslinde oriental colindaba con la República Argentina."

"Esto, lleva a Francisco Puelma Tupper hacer valer sus títulos de dominio, reclamando como suyo el territorio que pasó a ser chileno y el que ocupa como propio. Por otra parte, debemos considerar que Chile y Argentina habían llegado a un convenio de repatriar a los ciudadanos de ambos países si así lo deseaban. Para ello el Gobierno chileno notificó al señor Puelma Tupper que debía entregar los terrenos ocupados para radicar allí a los compatriotas que habían quedado en territorio argentino, como también a los antiguos colonos y pobladores del valle."…"Para recibir a los aproximadamente treinta mil chilenos1 que vivían en Neuquén y que poseían unas ciento sesenta mil cabezas de ganado2 y, para los pobladores del valle, se consideraron tierras aptas para este fin, las que se encontraban al sur de los fundos Rahue y Chilpaco. Los terrenos al norte de estos fundos se arrendaron a Puelma Tupper por treinta años, los que siguió ocupando una vez finalizado este plazo en calidad de propietario."

La otra causa de carácter directa y desencadenante de los hechos (desalojo, resistencia a dejar los terrenos, represión, detención y juicio) es el desalojo que realizaron 20 carabineros al mando del capitán Luis del Fierro Herrera. Esta situación provoca la resistencia y defensa de las parcelas de colonos en su conjunto, así nos lo deja saber el testimonio de Clementina Sagredo, detenida en los sucesos de Ranquil: quién al quedar en libre plática declara al Diario Austral de Temuco lo siguiente: "En abril fuimos lanzados junto con 63 familias desde Nitrito donde vivíamos tranquilamente cultivando nuestras tierras, pero el Sr. Vial consiguió lanzarnos con la fuerza pública, y nos dejó sin un palmo de terreno y en medio de los riscos de la cordillera" (Fueron lanzados de Nitrito, Diario Austral de Temuco, 20/7/34.)

Precisando causales de los sucesos de Ranquil podemos señalar:

- La legislación indígena que priorizó la colonización de extranjeros y militares en las tierras de indígenas.
- La definición de la cuestión de límites entre Chile y Argentina, que obligaba a Chile a recibir y entregar tierras a la población que quisiera estar en territorio nacional.
- La permanente acción de los colonizadores y terratenientes a desalojar a indígenas y colonos pobres.
- La vaguedad de las leyes de colonización y la falta de entrega de títulos de asentamiento.
- La orden de desalojo ejecutada por Carabineros de Chile

Con los estudios realizados por Olga Uliánova, "Levantamiento campesino de Lonquimay y la Internacional Comunista" (Estudios Públicos Nº 89.2013) se produce un nuevo aporte al estudio de Ranquil incorporando otra variable, la Política Internacional del PCCH y su relación con organismos como el Komintern, a la vez que nos genera preguntas relacionadas con la veracidad de la información proporcionada sobre el estado del movimiento obrero en su conjunto y en particular del campesinado, a su vez, otras relacionadas con que si promovió, indujo o acordó con el PC realizar una acción de esta naturaleza.

En este marco, se debe quedar a la espera de tener mayor documentación y conocimientos para poder validar causas que emerjan de si hay una situación discutida con anterioridad a los sucesos, un acuerdo, una resolución partidaria o con el Komintern y que respondiera a una política de acción en el campo considerando que hubiese una situación revolucionaria o pre-revolucionaria que lo justificara. Por el momento, no es posible afirmarlo con los documentos a la vista. La propia Olga Uliánova señala: "Los documentos kominternianos disponibles se refieren principalmente a las conclusiones internas que el PC chileno saca en los meses posteriores respecto de sus perspectivas y posibilidades de continuación. También reflejan la construcción de la interpretación de los acontecimientos en cuanto obra del accionar del PC en los informes presenciales que el entonces secretario general del PC chileno, Carlos Contreras Labarca, rinde en Moscú, en vísperas del VII Congreso del Komintern, así como las modificaciones de esta interpretación en los documentos posteriores", y agrega, "nos hicieron suponer en algún momento que estábamos en presencia de un caso de "mitomanía ideológica" kominterniana, es decir, la representación de los hechos en el discurso de sus militantes acorde con los imperativos ideológicos, pero ajena a la realidad. Representación que por deseo de auto-convencimiento se aceptaba como verdad en última instancia, lo que se hacía más fácil en el caso de la correspondencia o informes que se enviaban desde Chile a la sede central de la Internacional en Moscú por la lejanía y la imposibilidad de comprobar los hechos".

Otro aporte a la discusión de las causas de los sucesos del alto Bíobío son los realizados por Sebastian Leiva, "El Partido Comunista de Chile y el levantamiento de Ranquil" (Cyber Humanitas, Revista de la Facultad de Filosofía y Humanidades, Universidad de Chile, Nº 28.2003) en que realiza un discusión de los textos disponibles y cuya información se nos presenta en una unidad dialéctica de contrarios (hechos, datos, sentidos, sensibilidades, proyectos, ideas, hipótesis, todo en ese "especio primitivo" de M. Foucault, espacio que se nos presenta en un estado desordenado y confuso) como parte de un proceso cuantitativo que logra una cualidad y síntesis final (el espacio correlativo) que no contradice en lo fundamental la tesis planteada en "Ranquil. La violencia en la expansión de la propiedad agrícola".

Leiva, se introduce en el laberinto caótico de ese paisaje literario e investigativo de los sucesos de Ranquil, y gracias al ovillo de Ariadna retorna presentándonos un discurso que hace hablar los diferentes textos y logra un articular provocante para dilucidar no solo causas, sino que sentidos e intenciones de los actores.

la selección de textos que se presentan permite observar su análisis discursivo: "Al analizar los documentos de Komintern del período 1922 - 1931, la política campesina del PC casi brilla por su ausencia. De hecho, la mayoría de las escasas referencias que se realizan respecto al tema campesino se plantean a manera de simple enunciado, o bien como una consigna. Por ejemplo, en un documento de 1924 (28) se plantea que un manifiesto elaborado en Moscú, en la sede del Komintern, debía ser divulgado "entre los obreros y campesinos", y en otra expresión de referencia al campesinado, a partir de 1928 se hará recurrente la apelación a un "gobierno de obreros y campesinos"..."Otra situación que es posible visualizar es el reconocimiento de la escasa influencia y trabajo que se tenía hacia la población rural. Por ejemplo, en un documento de 1926 se plantea textualmente: "Puede observarse, también, la ausencia de un trabajo sistemático de organización entre los campesinos". A su vez, en un informe del Comité Central del PC fechado en 1927 se reconoce la casi nula influencia que se tiene en las provincias de Cautín y Malleco, principalmente debido a "los pocos grupos" que se tienen en la zona. Posteriormente, en 1928, Rufino Rosas, delegado del PC chileno que se encontraba en Moscú, plantea la inexistencia de una organización campesina en Chile..."

"... Estas vagas y generalmente negativas referencias a la relación con el mundo campesino cambian levemente en el período 1931 - 1934. Así por ejemplo, en un documento de septiembre de 1931 se realizan amplios comentarios sobre el campesinado, presentando a su vez un programa que planteaba, entre otros: la formación de comités de campesinos trabajadores e indios, la repartición de tierras, el no pago de los arriendos, la expulsión de los terratenientes, el fin de subvenciones a estos y su entrega a los campesinos, y el envío de delegaciones de obreros para estrechar lazos con el campesinado. Ahora bien, en este documento se vuelve a insistir en que en nuestro país no hay un movimiento campesino vigoroso. Junto con lo anterior, vuelve a plantearse la imagen de la falta de relación del PC con el campesinado. Así, en diciembre de 1931 se plantea que "El partido no tiene más que algunos y débiles y escasas organizaciones en el campo, lo que constituye una de sus debilidades" . Este último planteamiento, que tiene una relación de continuidad con las ideas desarrolladas hasta ahora, contrasta absolutamente con la información de Muravski (presumiblemente correspondía al seudónimo de algún integrante de Komintern en Chile), que dice que "El partido tiene enormes vínculos con la masa obrera, grandes vínculos con los campesinos", convirtiéndose en el único personaje que realiza este tipo de comentarios en el período hasta ahora analizado." "Aunque puede parecer extraño, considerando los planteamientos que realizaba Ramírez Necochea respecto a la relación del PC con el campesinado, no hay mayores referencias en los documentos de Komintern sobre el tema, salvo la repetición de fórmulas como "gobierno de obreros y campesinos", "alianza de los obreros

con las grandes masas de campesinos" o una versión más radical como "revolución obrera y campesina", y referencias generales respecto al campo, identificando la situación de concentración de la tierra y los diversos grupos de trabajadores que se encontraban insertos en el agro..."
"Finalmente, y a modo de síntesis, podemos plantear que existe claramente la posibilidad de que el PC participara protagónicamente en los hechos de Ránquil. Si bien este no había elaborado una sustanciosa política campesina, y más bien ésta se encontraba en el plano reivindicativo y organizativo, existía la intención y las condiciones para desarrollar un trabajo campesino en la zona del Alto Bío-Bío. A su vez, la FOCH puede haber perfectamente logrado, en la práctica, desarrollar la unión "obrero campesina", y la comprobada participación de delegados de Lonquimay en el congreso del año 34 hace patente esa posición. Ahora bien, así como planteamos la posibilidad de los dos elementos anteriores, dudamos de que la manifiesta intención del PC en Lonquimay haya sido el desarrollo del alzamiento, no porque no estuviera potencialmente en su política, sino porque iba a trasmano de lo que en el año 34 se planteaba a nivel de movimiento de masas, que era el reagrupamiento del movimiento obrero y la lucha reivindicativa. En ese sentido, creemos que el alzamiento fue más bien una reacción de los colonos (con cierto apoyo obrero) frente a las pésimas condiciones de vida que se sufrían, así como del mal resuelto problema de la tierra, y el PC se ve involucrado porque se encontraba en el lugar desarrollando su trabajo político y acompaña, no en forma desinteresada claro está, a los colonos en su accionar. A lo más, creemos que el PC pudo, como decía el diputado Huenchullán, azuzar a los

Reafirma los dichos de Leiva en cuanto al trabajo campesino del PCCH, lo dicho por Julieta Campusano, cuando en su testimonio oral indica: "En lo de Ranquil, hay mucho que analizar, a mi me tocó tener a una de las huérfanas de Ranquil. Esa fue una situación aislada, la experiencia que debemos sacar es que nunca más pueden haber luchas aisladas, se debe contar con alianzas, con respaldo de los trabajadores, con la clase obrera. Pero también muestra como el Partido está vivo a pesar de la represión. En ese momento el Partido aún estaba reponiéndose de la represión de Ibáñez y la Dirección no recomponía al Partido en todas partes, entonces los compañeros actuaban por la defensa de sus problemas locales sin estar insertos en la política general de la lucha conjunta del Partido." "Ahora, por ese tiempo había una discusión por los problemas del campo, también..., el PC tenía una Comisión Campesina que se iniciaba, más de algún documento debe existir de esta comisión, especialmente porque los Plenos del

CC del PC le daban una gran importancia al trabajo en el campo. El trabajo en el campo lograba buenos niveles de lucha y organización, aunque focalizada, pero que mostraba un trabajo interesante, con buenos dirigentes que al echarlos de los fundos emigraban a la ciudad, con lo que el trabajo se venía abajo. Todo se volvía a rehacer, casa por casa que significaban caminatas de 3 a 5 kilómetros para encontrar a la gente." (Entrevista a Julieta Campusano 19 noviembre 1990, material para una Historia Oral del PCCH, Germán Palacios Ríos)

El conjunto de la documentación no se niega ni tiene una contradicción sustantiva, entonces aceptemos como causas de la revuelta en Ranquil las indicadas como remotas y, las que dan lugar a la resistencia y levantamiento como lo es el desalojo, todo en el marco de una amplia discusión ideológica del PC en torno al trabajo del campo, un accionar esporádico y dificultoso para organizar, en un proceso complejo de conversión del asambleísmo a la estructura leninista (células partidarias) y, una presencia lejana de los dirigentes considerando las dificultades para llegar a lugares apartado.

Por último, decir, el levantamiento no está dirigido desde Moscú ni de Santiago o Concepción es una situación de manifestación local que arranca de problemas nacionales en el marco de terminar de definir la propiedad agrícola así como la instalación de la Constitución de 1925 (lo general: construcción del Estado), se manifiesta en un lugar acotado con sus problemáticas (lo particular: Elías Lafertte, se refiera a Ranquil como una acción "... espontánea... un estallido de cólera de campesinos esquilmados durante siglos y a quienes se les estaba terminando de quitar sus pobres y escasa tierras" (Vidas Ilustres, Elías Lafertte, Edit. Austral 971, pág. 276) y que como un bumerang repercute en el conjunto provocando y removiendo las ideas y las acciones (el salto cualitativo: S. Leiva, dice, "recién a partir de 1935 se produce un interés real del PC hacia aquel sector", y Julieta Campusano señala que el CC del PCCH con posterioridad profundiza un trabajo de alianza campo-ciudad).

Germán Palacios Ríos

Introducción

"Me llamo Ismael Carter. Tengo 71 años. Vivo en Ránquil. Nosotros, los del lugar, afirmamos la palabra en la letra a: Ránquil. Los de afuera, los que no nos conocen, afirman la palabra donde no se usa. Así que no se les olvide, Ránquil. Algunos creen que es un caserío. No, es un lugar cordillerano de la provincia de Malleco, cerros boscosos, selva virgen, ríos y quebradas, y mucha nieve"

El Biobío baja diagonalmente de sur a norte. Varias leguas más al interior, el río Ránquil es apenas un arroyo de aguas escasas. Un poco más grande que el Mapocho. Hay pequeños vallecitos que sirven para algunos plantíos. Los lugares tienen nombres bonitos: Quillayme, Trollo, Ranquil. Hay algunos fundos que han pertenecido siempre a ricos del lugar, que acaparan las mejores tierras: Nitrito, Huallal, Los Guindos... Aquí ocurrieron, hace 38 años, los sucesos de Ranquil. Yo también, anduve metido. Y soy el único sobreviviente."3.

Es este un testimonio que revive la masacre de campesinos que estremeció a Chile en Junio-Julio de 1934, junto al majestuoso río Biobío, entre araucarias y volcanes nevados.

Los diarios de la época titularon o comentaron los sucesos del Alto Biobío así:

"Cacería de colonos iniciada en Lonquimay"4
"Los lanzamientos: punto de partida de los sucesos del alto Biobío" 5

"Sublevación campesina de la Frontera" 6

"De la matanza de campesinos de Biobío" 7

"Las fuerzas del orden se han impuesto contra directivas de Moscú en Ranquil"8

"Amotinados de Ranquil se rindieron" 9

"Individuos expulsados de sus tierras hace dos meses se apoderaron de la pulpería de este fundo y cometieron otros desmanes"10

"El Ministro del Interior ordena que Carabineros fuera a someter a los revoltosos"11

"Para llegar hasta los sediciosos hay un día y medio de jornada a caballo por caminos intransitables cubiertos de nieve" 12

Esta situación, que se provoca en el fundo Ránquil y otros, en el valle de Lonquimay, Alto Biobío, en el invierno de 1934, no es un hecho de violencia aislado en los campos de Chile, pues, al revisar la literatura y la prensa anterior a estos acontecimientos es posible constatar:

"Nuestro corresponsal en Angol nos comunica el siguiente interesante telegrama:

Escuadrón Nacimiento que salió batir indios, llegó Traiguen, en el camino hubo encuentro del cual resultan doce soldados muertos.

También, murieron indios: hasta hoy no se sabe cuántos, porque estos se llevan sus muertos.

Ministro Recabarren, irá en expedición que va al interior.

Los indios se han retirado"13

"Los sangrientos sucesos de Forrahue" "Tenaz resistencia de los indígenas"
"Once muertos, doce heridos y nueve reos"14 "El antiguo problema de las tierras fiscales"
"Lo que ocurre en los terrenos de entre Pichi-Roquilli y Paillaco".
"Juicios con títulos falsificados"15
"Las masacres y usurpaciones son numerosas: entre las más conocidas se pueden nombrar Remehue 1898, Hualinto 1932, Forrahue 1912, Rupanco 1911, Frutillar 1911, Llanguihue
1909, Calcurrupe 1911" 16

Con posterioridad a Ránquil, también, nos encontramos con diferentes sucesos que dan cuenta del problema de la violencia en el campo:

"Inauditos atropellos a los mapuches de Lonquimay"17
En Pucopío (1983) la Corporación Nacional Forestal (CONAF) expulsó a 3 familias, para luego poner en subasta el predio denominado "Fundo Trinidad":
"En 1985 se dio inicio al cobro masivo de contribuciones a las comunidades mapuche, con amenaza de embargo y remate de sus últimas tierras, nuestros hermanos debieron vender lo que no tenían para el pago de contribuciones (yunta de bueyes, vacas, gallinas, corderos, etc.). empobreciéndose aún más, otros hicieron convenios con Tesorería y los más VALIENTES NO PAGARON (Testimonio monitor jurídico Mapuche- Hulliche)" 18

Al revisar la prensa (El Mercurio, La Tercera de la Hora; Las Ultimas Noticias; el Siglo, entre septiembre y diciembre de 1991) podemos hacer una síntesis que deja al descubierto una vez más el conflicto político y social en el campo:

Los mapuches ocuparon un campus universitario en Temuco y un pequeño fundo en Traiguen. También protagonizaron una marcha por el centro de Temuco. Auca n Huilcaman, mensajero del Consejo de Todas las tierras, declaró que los mapuches continuar n "recuperando tierras usurpadas, incluso sobre la legalidad vigente por cuanto las leyes que permitieron la usurpación fueron elaboradas a espaldas del pueblo mapuche". En la marcha por el centro de Temuco participaron unos mil mapuches, adheridos a esta organización, que manifestaron su rechazo a la celebración del 12 de Octubre y los 500 años del descubrimiento de América. Días antes los mapuches se tomaron los fundos "Santa Elena" en Pillalelbun, del cual fueron desalojados y detenidos doce mapuches, y la toma del fundo "Lobería", de donde se retiraron pacíficamente. El día 11 de Octubre, unos 50 estudiantes mapuches de la agrupación universitaria "Nueva Búsqueda" ocupó durante medio día el Campus Andrés Bello de la Universidad de La Frontera en rechazo a los festejos del 12 de Octubre. En Alto Comuy, sector de Traiguen, diez mapuches ocuparon un fundo siendo desalojados por carabineros.

Ante tales acciones, el intendente Fernando Chuecas expresó que haría respetar la ley, sin importarle los costos políticos. Sin embargo, al visitar el fundo Lobería dijo que la ocupación obedecía al propósito de recuperar tierras.

En Temuco, una marcha (11/10/91) fue convocada por mapuches chilenos y argentinos, y sus dirigentes lograron acuerdos en torno a establecer una bandera común el 1992, celebrar el 24 de Junio, Día del Año Nuevo Mapuche, y apoyarse mutuamente en la tarea de recuperar sus tierras.

El presidente del Senado, Gabriel Valdés, condenó la ocupación de tierras y se manifieste a favor de la propiedad privada. Denuncia que existe una conducción política radicalizada que quiere aprovechar la inquietud natural de tales comunidades para excitarlas19

Un guillatún, celebraron en el centro de Temuco grupos mapuches de la organización Casa del Arte Mapuche en rechazo a la celebración del 12 de Octubre. Al efectuar una marcha, fueron reprimidos por carabineros con gases lacrimógenos y golpeados. También fueron detenidos seis estudiantes y dirigentes mapuches, entre ellos el escritor Leonel Líenla. El subdirector nacional de la Comisión Especial de Pueblos Indígenas, Víctor Hugo Painemal, califica la acción represiva "como una acción enteramente desproporcionada y violenta contra un grupo de hermanos mapuches, que habían realizado un guillatún en forma pacífica".

José Santos Milla, dirigente de Ad Mapu, declaró que "esta represión contra los mapuches fue mucho más violenta que en los tiempos de la dictadura de Pinochet".
Las seis organizaciones mapuches que integran la Comisión Especial de Pueblos Indígenas, rechazaron tajantemente la toma de terrenos en la IX Región. En una declaración conjunta (entre cuyos firmantes se encuentra Ad Mapu) señalaron que "El movimiento mapuche no puede compartir la actitud oportunista de sectores minoritarios que pretenden hacer sensacionalismo para hacerse propaganda vía acciones de hecho, las que tácitamente perjudican a nuestro pueblo".

En Santiago, el Consejo Nacional de Pueblos Indígenas y la Coordinadora Metropolitana Mapuche organizaron una marcha desde la Estación Mapocho hasta el Cerro Santa Lucía. Allí efectuaron una rogativa. El dirigente José Cayunao manifestó que "la pobreza de nuestro pueblo está dentro de los 5 millones de pobres que hay en Chile y la toma de fundos es consecuencia de la pobreza". La marcha fue autorizada por la Intendencia 20

En Concepción, cinco mapuches integrantes del grupo Pegun Lugun fueron detenidos por carabineros al intentar arriar la bandera de España junto al monumento a Pedro de Valdivia.

En la ciudad de Valdivia, el grupo universitario mapuche Maricheweu emitió una declaración en la que expresan: "A 499 años de la llegada del español, los pueblos originarios seguimos resistiendo". Unos 30estudiantes efectuaron una manifestación durante los festejos del Día de España21

Al 30 de enero de 1992, nos encontrábamos con la siguiente orden de desalojo:

"Ordenado el desalojo en Quinquén" "Gran agitación se vivía ayer en el sector de Quinquina, luego que la sociedad Galletué, activó orden de desalojo contra las 22 familias pehuenches que allí residen"22

Como el Gobierno asumió una actitud favorable a estas 22 familias se logró suspender el desalojo:

"Juez subrogante de Curacautín aplazó hasta el lunes la orden para conocer recurso interpuesto por abogado de los pehuenches. "23

Finalmente se logró un acuerdo con la sociedad Galletué, comprándosele el 70% del predio para constituir un Parque Nacional en el valle de Quinquén, así mantener los pehuenches en sus tierras. Pero esta solución no les reconoce la calidad de dueños de la tierra. Permanecer n en tierras fiscales que algún día pueden ser enajenadas por el Estado, por tanto, reiniciarse el problema para los pehuenches. Por el momento está pendiente el traslado de 4 familias que quedaron en los terrenos no adquiridos por el Estado.

La información seleccionada anteriormente, no es más que una muestra. Nos indica que estamos ante un problema de permanente conflicto social en el campo, por la posesión de la tierra y la constitución de la gran propiedad agrícola. Por otra parte, podemos observar un conflicto de profundas raíces históricas que tiene carácter orgánico militar desigual cuando el araucano defiende su tierra ante el invasor; o se hace espontánea, explosiva y fragmentada cuando los indígenas (poseedores ancestrales de la tierra), los colonos pobres (que iniciaron una colonización espontánea desde los inicios del S XIX), los inquilinos (que abandonaban las haciendas con la esperanza de poseer una franja de tierra) defiende la base de su sustento diario. En medio de este conflicto el campesinado se organiza, adquiere conciencia política y se suma a la lucha social. A inicio del siglo XX, ya encontramos organizaciones que, aunque efímeras, fueron capaces de realizar unas 20 huelgas en el campo entre 1911 y 1925. A partir de Ranquil, observamos el paso de la lucha espontánea a la lucha política orgánica, retomándose la organización de los trabajadores del agro que había quedado postergada desde inicios de la década del 20, por los diferentes acontecimientos políticos, así como por la propia dictadura de Ibáñez. En 1935 se organiza la Liga Nacional de Defensa de los Campesinos Pobres, un paso más en el surgimiento de un poderoso "movimiento campesino" que será un factor importante en todo el proceso de Reforma Agraria. Esta condición de hito entre dos momentos cualitativamente diferentes, hace relevante a Ranquil.

Las Lecturas de Ranquil

En el material que se ha recopilado referido a Ranquil, nos encontramos con el reportaje y la crónica; la narración literaria (novela, teatro, poesía); el testimonio de quienes vivieron los sucesos y, el ensayo político e histórico. No se han encontrado trabajos publicados que están en el ámbito de la investigación histórica o historiográfica.

El reportaje y la crónica de los diarios y revistas de la prensa oficialista de la época, hacen una selección y secuencia de los hechos, que sirve para demostrar ante la opinión pública que la Patria, la familia, la propiedad están en peligro, lo que hace necesario restablecer el orden y la seguridad. Por otra parte, en la prensa de oposición se produce una defensa de los sucesos, desde el discurso político, más que desde los hechos mismos, debilitando la capacidad de demostrar su verdad y romper con la hegemonización de la prensa oficialista. Con estas situaciones se desdibuja la realidad en sus orígenes, desarrollo y consecuencias, ante la opinión pública, la que se queda con una imagen construida que favorece a los hacendados, pulperos y la acción represiva de carabineros en la zona.

La creación literaria está realizada con belleza en el lenguaje y gran dominio narrativo, describiendo el escenario, las costumbres y tradiciones, del hombre y la mujer, sus sufrimientos y sueños. Constata el problema social y lo denuncia. Entrega secuencia de los sucesos. Pero, se produce una sobrevaloración de hechos, situaciones o aspectos que deforma la realidad. Con esto, la creación literaria ayuda más a la mistificación de los hechos que a explicarlos.

Como en tantos otros casos de la historia de las luchas sociales tenemos testimonios escritos que desarrollan in extenso los acontecimientos por parte de aquellos que pertenecen y defienden el Modelo Democrático-Liberal. Estos testimonios abundan en detalles y antecedentes que son verificables con documentación, prensa y al contrastarlos con otros testimonios. Son ellos, la particular manera de ver los sucesos de Ranquil, y no explican el fenómeno global. Desarrollan un aspecto de los sucesos como es el caso de "Biobío sangriento" (Germán Troncoso, 1974), que entrega detalles de la acción represiva y la justicia, desde el punto de vista del carabinero que construye la trama a partir de un testimonio. Otra posición, es la de los pulperos y latifundistas de la zona que se encuentra en el testimonio de Harry Fahrenkrog. "La verdad sobre la revuelta de Ranquil" (1985).

Pero, de aquellos que son permanentemente marginados y reprimidos no se encuentran testimonios que den una visión de los sucesos de Ranquil, sino hasta muchos años después en que algunos participantes en los sucesos emigran a la ciudad y son entrevistados en algún aniversario de los sucesos como lo hace la Revista Ramona con Ismael Carte. Entrevistas y testimonio durante o inmediatamente posteriores, sólo los hay de la prensa oficialista en forma parcial y en la particular mirada del Estado, patrones de fundo, pulperos o la fuerza policial desplegada en la zona.

Encontramos un trabajo de ensayo historiográfico publicado en la Revista de Historia de la Universidad Católica de Chile y cuyo autor es René Peri Fagestrom, titulado "Sucesos del Alto Biobío". Se pretende dar una visión imparcial de los hechos, pero se producen omisiones importantes como no señalar que los esposos Olhagaray después de aparecer en la prensa como "asesinados" por los "revoltosos" dan una conferencia de prensa en el Hotel Comercio antes de seguir viaje a Victoria.

Este recuento, permite concluir: primero, que lo escrito sobre Ranquil es importante y valioso y un aporte al conocimiento de las condiciones socio-económicas de los colonos y campesinos, su organización y sus luchas reivindicativas por lograr mejores condiciones de vida. Segundo, que lo tratado sobre Ranquil se basa en hechos reales, los que no pueden ser negados por los diferente agentes que los toman, los usan, los organizan y estructuran según sus particulares "visiones de mundo", pero no reflejan el conjunto de la realidad en su unidad, produciendo una distorsión de ella, mediante la sobrevaloración, sobredimensionamiento, absolutización, negación, separación de los hechos del contexto, etc., de uno o varios aspectos, en desmedro de otros. Con esto, se produce una mistificación de los sucesos, pues, aparecen como lo principal y más relevante.

Lo que nos entregan las diferentes "lecturas" de Ranquil, es insuficiente para el análisis histórico, sobre todo porque queda aislado de un contexto y de un fenómeno más complejo, el uso de la violencia como algo intrínseco a la construcción del Estado y el sistema político, económico y social dominante. Por lo que se hace necesario sacar Ranquil del romanticismo literario para llevarlo al estudio o investigación histórica considerándolo un problema de permanente conflicto social en el campo, por la posesión de la tierra de indígenas y campesinos pobres, y la constitución de la gran propiedad agrícola. Por otra parte, como un conflicto de profundas raíces históricas que tiene carácter orgánico militar desigual cuando el araucano defiende su tierra ante el invasor; o se hace espontánea, explosiva y fragmentada cuando los indígenas (poseedores ancestrales de la tierra), los colonos pobres (que iniciaron una colonización espontánea desde los inicios del S XIX), los inquilinos (que abandonaban las haciendas con la esperanza de poseer una franja de tierra) defiende la base de su sustento diario. En medio de este conflicto el campesinado se organiza, adquiere conciencia política y se suma a la lucha social.

Como una forma de focalizar el estudio, nos abocaremos a los factores determinantes del conflicto entre los expulsados/desposeídos de la tierra y los que desde el Estado generan la violencia política y militar para constituir la gran propiedad agrícola.

La pregunta central que pretendemos responder es: ¿Cuáles son los factores originarios de la violencia y como se manifiestan en los hechos sucedidos en el invierno de 1934 en los fundos de Ranquil, Nitrito y Lolco?

Qué nos proponemos

Es usual en historia que se construyan versiones oficiales de derecha o de izquierda que terminan por convertir los sucesos en un acto atípico, encerrado en sí mismo que están más cerca del mito, por lo tanto cargados de elementos no verdaderos, sobredimensionados en última instancia, que solo consideran aquellos factores útiles al mensaje y su intencionalidad. Así, por parte de las ideologías se produce una sublimación del pasado (en su doble acepción: exaltar, volatizar) mediante la cual se oculta la realidad (tal es el caso de los esposos Olhagaray en los sucesos de Ranquil, como se indica en el capítulo VIII), como también se guarda silencio, por ejemplo, con respecto a los elementos que corresponden a la génesis de la propiedad agraria. Esta es una forma en que la historiografía liberal hace la historia de la dominación social.

Desde la izquierda, aparece la sublimación del pasado, como una forma de potenciar la lucha social, rescatando algunos elementos que por la generalidad en la historia del movimiento social se identifican con la represión y la masacre. Con esto, no se logran elementos de carácter general susceptibles de aplicar a otras situaciones, o para hacer análisis proyectivos que permitan visualizar nuevas coyunturas y posibles formas de enfrentarlas considerando la nueva realidad en su particularidad y la experiencia histórica.

Entonces, en el presente trabajo, se trata de rescatar Ranquil de la sublimación del pasado que hace la historiografía liberal, pero tambíen rescatar Ranquil de la sublimación del pasado que hace la historiografía del movimiento social que lo deja atrapado en la masacre. Nos proponemos presentar los sucesos del valle de Lonquimay en la idea de la unidad del fenómeno en sus múltiples particularidades (contrarias y contradictorias, antagónicas o no) que se relacionaron e interrelacionaron y se afectaron mutuamente, generándose nuevas condiciones, producto de la acción en desarrollo. Es de interés elaborar una visión integradora de los diferentes elementos presentes considerando a las partes que actuaron en el conflicto. A su vez, nuestro deseo, es que el resultado obtenido deje constancia del uso de una metodología de trabajo propio de las ciencias sociales y en particular de la historiografía social; que el uso de las fuentes se seleccionen y despejen según tengan correspondencia con la realidad de los sucesos del Alto Biobío; dar cuenta de los hechos alejándonos de la mistificación que de Ranquil se hace desde la derecha o desde la izquierda.

Afirmaciones para despejar nuestro problema

Entre las hipótesis de trabajo que se despejaran en el curso de la obra, señala: que mientras un sector social, desde la llegada del español, construye su identidad política, económica y social en torno a la gran propiedad (privada) de la tierra, otro sector ve disgregada su identidad en la medida que pierde la posesión de la tierra; que el Estado acata o avala la guerra y la represión, la usurpación y el despojo contra aquellos que se resisten a dejar sus tierra; que el desalojo de las tierras que afecta a los colonos, indígenas y campesinos en Ranquil, fue utilizado para terminar de constituir la gran propiedad agrícola en el valle de Lonquimay; que la defensa de las hijuelas hechas por colonos, inquilinos y campesinos en el Alto Biobío, tienen un carácter espontáneo no preparado a partir de la orden de desalojo cumplida por carabineros, por lo tanto, no son parte de una insurrección política organizada existente en el país, argumentación del gobierno para enviar tropas a la zona; que el gobierno de Alessandri inicia una represión a escala nacional, a partir de los denominados "sucesos de Ranquil", con la finalidad de neutralizar la oposición.

Aspectos Metodológicos

Desde un punto de vista general, cada objeto que es sometido al proceso de investigación se caracteriza por un conjunto de cualidades, vínculos, funciones, relaciones, reacciones, etc. Todos estos elementos constitutivos del objeto, durante el desarrollo de la investigación se van reflejando en forma desordenada y hasta caótica, representando cada uno un determinado aspecto del objeto. Es necesario, por tanto, descubrir hechos establecidos, las vinculaciones causales, las relaciones esenciales, los nexos internos que determinan el desarrollo del objeto. Esto lo realizamos mediante dos procesos contradictorios: primero, la necesidad de conocer los hechos que caracterizan el objeto con la mayor exactitud posible. Segundo, reducir el conjunto infinito a un número mínimo de hechos esenciales, suficientes para establecer los vínculos fundamentales que caracterizan la esencia y la estructura del objeto.

El análisis se inscribe en una línea heurística por lo que no todos los planteamientos se agotan en el estudio del tema que es objeto de este trabajo. Muchos aspectos constituyen una apertura y es nuestra intención afinarlos y utilizarlos en futuras investigaciones. Por ahora, el propósito central, desde un punto de vista metodológico, obedece a la praxis misma de la violencia.

Entre las categorías y conceptos utilizados esta violencia, que la consideramos como aquella utilizada por una clase social con el fin de adquirir o conservar el dominio económico y político, diferentes derechos y privilegios utilizando diferentes formas de coacción, incluido el empleo de las armas con respecto a otra clase, grupo o comunidad. Los medios fundamentales de la violencia los vemos materializados en el Estado y sus instituciones.

Permanentemente utilizamos las categorías de indígena, colonos pobres, campesinos e inquilinos, que aunque distintos entre sí, para nuestro propósito los definiremos como cultivadores rurales que poseen o no tierra (legalmente o no), que producen para la subsistencia y que comparativamente con otros sectores sociales poseen una posición inferior en lo económico, político y social. Denominaremos lo sucedido en Ranquil, como conflicto campesino, o sea, el enfrentamiento colectivo o de un sector con otro sector social más favorecido (cualquiera sea la violencia o intensidad del enfrentamiento), sea una acción concertada o no, para la defensa de la tierra. Como categorías de la violencia en el campo y que agrupamos bajo la denominación figuras originarias de la violencia, incluimos: encomienda (merced de tributo y servicios), inquilinaje (que subordina la libertad y la soberana del inquilino a la voluntad del patrón). Ambos no tienen propiedad ni participan de sus frutos. A su vez debemos contemplar la concesión (otorgamiento de tierras al conquistador); demasías (posesión de hecho de tierras adyacentes a una propiedad e incorporadas posteriormente a ella); despojo (desposeer con violencia la tierra de otro); remate (en sus diversas formas: composiciones o legalización de títulos irregulares; censos al quitar o ventas con pago diferido; agregar demasías a la propiedad original). Aunque en la presente obra no aparece el cobro de contribuciones a los indígenas, por ser de reciente aplicación (1985), debemos agregarla a nuestras categorías si deseamos estudiar hechos más recientes de violencia en el campo.

Los documentos sobre los cuales Ranquil dejó su huella son numerosos y variados. Entre las distintas clases de documentos encontrados y que utilizamos en la investigación, están los documentos escritos (libros, periódicos, archivos, etc.), los documentos de cifras (censos, catastros, etc.); y los demás documentos que no entran en ambas categorías (fotografías, planos, mapas, etc.)

Entre los documentos escritos de mayor utilidad para nuestro trabajo está la prensa por su fácil acceso, la que, hemos complementado con documentación oficial y los encontrados en archivos públicos y privados, además de la documentación indirecta.

En lo referente a archivos públicos y documentos oficiales, se encuentran estos dispersos en diferentes instituciones y organismos haciendo difícil su consulta, especialmente porque no existe registro de los documentos para su ubicación, o simplemente, no se conservan debido a medidas administrativas que permite destruirlos cada cierto tiempo. En otros casos no ,hay acceso sin autorización oficial, principalmente cuando se trata de documentos militares o policiales (partes de guerra o partes policiales). En el caso de Ranquil no se puede demostrar que algún tipo de documentación oficial haya sido destruida para ocultar información o pruebas, pero, a partir de hechos recientes de destrucción de pruebas acusatorias (caso "Degollados", El Siglo 11-17 abril, 1992, 3er. época Nº 123) es posible inferir la utilización de acto semejante en Ranquil, para ocultar pruebas que liberan a las fuerzas policiales de la época de las acusaciones que hace al abogado de la FOCH en su escrito al juez militar (Cap. IX). Sin embargo, la documentación en los archivos públicos e institucionales que favorecen la versión oficial (historiografía de la denominación social) de los sucesos de Ranquil se obtienen con facilidad, incluso se encuentran publicados en la prensa de la época o con posterioridad a los hechos, así como en revistas institucionales ("Gaceta de los Carabineros de Chile"). Hemos obtenido: leyes, decretos, informe de carabineros al Ministerio del Interior, telegramas del Ministerio del Interior y del Ministerio de Tierras y Colonización, sentencia judicial, etc.

Los archivos privados, o sea, aquellos pertenecientes a organizaciones (partidos políticos, organizaciones sindicales, grupos de presión, asociaciones, federaciones, iglesia, etc.) o a individuos, son de más difícil acceso que los archivos públicos, pero el contacto personal posibilita su uso, esto es una limitante, pero cuanto se concreta significan un aporte. Por otra parte, estos archivos, especialmente de aquellos interesados en el desarrollo de la historiografía del movimiento social en Chile son escasos, discontinuos, presentando lagunas. Las causas son diversas, entre ellas, en el caso de las organizaciones campesinas por ejemplo, están las que se constituían de hecho y al margen de la ley o, las represiones frecuentes y allanamientos de locales destruyen numeroso material de trabajo para un investigador. Esta situación también afecta a los archivos individuales, pues las personas los destruyen cuanto se encuentra en peligro su libertad o su vida. De todos modos, se ha logrado contar con folletos de partidos políticos y de parlamentarios con sus discursos.

La documentación indirecta sobre Ranquil nos ha permitido situar mejor los aspectos secundarios. De gran ayuda han sido los anuarios, diccionarios biográficos y obras literarias. También hemos utilizado en esta categoría los catastros de propiedad y censos que nos han proporcionado información complementaria. Los archivos públicos y privados y la documentación indirecta a que se ha tenido acceso son escasos, por cierto. Esto nos indujo a utilizar la prensa (diarios y revistas) como fuente de documentación general. Cabe hacer notar que en el futuro, con la cantidad de información periodística reunida, ser posible utilizarla como fuente de documentación sobre ciertos grupos sociales o clases sociales o, como fuente de documentación sobre la propia prensa.

Para nuestro trabajo, la prensa como fuente de documentación general (periódicos, diarios y revistas) constituye la base para estudiar Ranquil y a través de ella, es como establecimos la trama general de los acontecimientos. A este respecto se plantearon dos problemas: ¿Hay referencia correcta de los hechos? ¿Se refieren a todos los hechos? La deformación de los acontecimientos por parte de la prensa no se puede negar, pero se refiere más al contexto y a la presentación que al contenido concreto de los hechos. En general la confrontación de la prensa de diversas tendencias (El Mercurio; el Diario Austral de Temuco; El Diario Ilustrado; La Opinión, Democracia; Llamas etc.) permite establecer la verdad, incluso, la contrastación en el mismo órgano de prensa de un día con otro, permite establecer la verdad de los acontecimientos. Por otra parte, el estudio de las distintas formas en que es presentada por la prensa la misma noticia es interesante. La contrastación con documentos oficiales o con los anuarios y obras literarias o con testimonios de participantes en los hechos, permite también despejar la información, confirmando o rechazando lo que no es correspondiente.

Para armar el desarrollo de los acontecimientos se rastreó el diario de más circulación en la zona (Diario Austral de Temuco) y, el de mayor significación en la oposición al gobierno de Alessandri (La Opinión).

Con el examen de la documentación disponible, fue posible estructurar una respuesta, a la pregunta central que formulamos, en forma narrativa, reconstituyendo los hechos para su explicación.

El estudio contempla, en primer lugar, hacer un recuento de la violencia en el campo, utilizando como eje conductor la expansión de la propiedad agrícola desde la llegada del conquistador hasta los sucesos de Ranquil. Como consecuencia de esta expansión, analizamos la disgregación que sufre el pueblo araucano, la que está en directa relación a la pérdida de sus tierras y al surgimiento de las reducciones indígenas. Otras manifestaciones de la violencia las apreciamos en el caudillismo y bandolerismo con su connotación de clase o no en la zona de la Frontera. En segundo lugar, estudiamos los sucesos del Alto Biobío, en el valle de Lonquimay, en los fundos Ranquil, Nitrito, Lolco y otros en el año 1934, para lo cual analizamos antecedentes legales y la modificación de decretos; los lanzamientos de los colonos pobres; la represión realizada y como esta se estructura para lograr su objetivo, así como, el juicio y castigo a los detenidos.

Así como surgen numerosas preguntas que no tienen respuestas en este trabajo y que se deberán seguir indagando, aparecen dos problemas interesantes a tener en consideración: uno, relativo al estudio del comportamiento de la prensa, y el flujo dominante de información. Otra cuestión de interés, es el análisis del discurso político y su correspondencia con la realidad y como la acción es desde la ciudad hacia el campo.

Entonces, el estudio de Ránquil no está concluido, queda aún abierto a la investigación.

I Parte

Marco histórico: Violencia y expansión de la
Propiedad agrícola
Desde el conquistador hasta los
sucesos de Ranquil

Capítulo I: Violencia y Propiedad Agrícola

Uno de los primeros actos que realiza el Cabildo nombrado por Pedro de Valdivia, fue la designación de lotes ciudadanos, de chacras y encomiendas a los 150 españoles llegados con la finalidad de conquistar estas tierras. Pero rápidamente, ambas funciones se separaron, quedando la designación de tierras bajo la responsabilidad del Cabildo y la entrega de encomiendas en manos del gobernador. Hay eso sí, excepciones, tal como la de 1554 24 en que el Cabildo concedió encomiendas, pero esto, sucedió después de la muerte de Valdivia. La concesión de tierras consistió en una parcela a cada uno de los recién llegados, además, se demarcó un terreno común para el pastoreo. Pronto, estos terrenos fueron insuficientes para cubrir las necesidades siempre crecientes de una población en aumento, por lo que se procedió a organizar dos grupos de pequeñas propiedades, uno al sur de La Cañada (un brazo del Mapocho, correspondiente hoy a la actual Alameda del Libertador Bernardo O'Higgins) y el otro, al norte del brazo principal del río. Un plano de Santiago de la época, muestra estas chacras extendidas como largas franjas a partir de la ribera y en las que no se establecen límites claros25. Esta falta de precisión en los deslindes de las chacras, originó al poco tiempo disputas que debieron ser resueltas por el Cabildo, nombrándose para tal efecto un alarife que con la ayuda de otros tres designados en 1557, mensuraron y constituyeron tales propiedades sobre bases más sólidas26.

En un comienzo, ,estas chacras pudieron dar sustento a la población, pero, pronto fue necesario incrementar nuevamente las tierras para el cultivo.
Uno de los procedimientos que se utilizó, fue el sistema de encomiendas27, el otro, fue la donación de tierras. El sistema de

encomienda, logró, establecer el tipo de la propiedad rural que perduró en el país durante cuatrocientos años y que, sin considerar, el número de indios incluidos en cada una de ellas, fue el origen de algunas de las más valiosas haciendas de nuestro país. Fueron verdaderas unidades agrarias y contribuyeron a integrar al conquistador a la tierra, asentándolo al territorio y reemplazando en calidad de propietarios, al aborigen. En cuanto a las donaciones de tierra, comenzaron estas cuando la zona central estaba ya relativamente pacificada o, se creía tal cosa. Esto permitió la instalación de españoles lejos de los primitivos centros y laboreos agrícolas.

Aunque las primeras actas del Cabildo fueron destruidas por los aborígenes, en el asalto a Santiago en 1541, se logró reconstituirlas tres años más tarde. Parte de ellas están en el Libro Becerro28, conservado en el Archivo Nacional. En este libro están muchas de las donaciones de terrenos en la ciudad o de grandes propiedades llamadas estancias. El primer testimonio formal de una donación de tierras, es la otorgada a Ortun Jerez, el 26 de abril de 1547, dice: "un pedazo de tierra para su estancia y sementeras" no lejos de Valparaíso y que comprendía una quebrada entera en la vecindad del estero de Marga-Marga. No se señala la superficie, pero probablemente era de varios miles de acres. Concesiones semejantes se hicieron a otros colonos de manera que en pocos años había unas treinta de estancias29.

En la medida que la pacificación incorpora más territorios, nuevos colonos pasaban a ocuparlas, de manera que después de una década, la mayoría de los que habían llegado con Valdivia eran propietarios rurales. Estas estancias se ubican en los bordes de los ríos y en su curso medio o inferior, donde el rico terreno de aluvión, la abundancia de riego y, además del hecho de estar ya desbrozado y canalizado (en forma natural), ofrecía las mejores condiciones para la agricultura. Primero, fue el Valle de Aconcagua, en que el propio Pedro de Valdivia, guarda para sí, buena parte de la comarca y que en cierta oportunidad le sirvió para cancelar una deuda a Francisco Hernández Gallego, a quien "le concede la mitad de los indios de Lampa para que se haga pago de 5 mil pesos que le prestó..."30. Le sigue en la demanda de terrenos, los amplios abanicos aluviales del Mapocho y el Maipo y, de Santiago al sur: Cachapoal, Tinguiririca, Mataquito y Claro, incluyendo las actuales sexta y séptima región (Rancagua, San Fernando, Curicó y Talca), así como, la Región Metropolitana. Confirman este hecho las cartas de Pedro de Valdivia al emperador Carlos V, al señalar que habían ocupado en los primeros cinco años de conquista, 30 leguas al sur, asegurando el dominio español31. Estas estancias coincidían en gran medida con los lugares de permanencia de los indígenas como una manera de obtener mano de obra agrícola.

No dejemos de mencionar que otra manera de lograr dominio de extensas zonas, fueron los matrimonios regulares o no, entre encomenderos y nativos. Tal es el caso del alemán Bartolomé Flores32, que llegó a Chile con Pedro de Valdivia, y se casó con doña Elvira, hija del cacique de Talagante, obteniendo derechos sobre las tierras que le pertenecían33.

Las extensiones de terreno variaban según la condición del conquistador. La Corona, dispuso que a los de mayor jerarquía en el ejército y en los cargos civiles, recibieran una unidad de tierra llamada caballería, de unos 350 a 500 acres34. Sin embargo las primeras concesiones de tierra no fueron tan grandes, por ejemplo, el 15 de septiembre de 1546, se otorgaron concesiones que están especificadas en varas de largo y ancho (una vara equivale a 25 pies, unos 7,66 m) a Pedro de Miranda, en Guachuraba, con 30 varas de frente por 300 de profundidad, lo que hacían unas 52 hectáreas; Hernán Rodríguez de Monroy con 35 varas de frente y 330 de fondo, o sea, unas 67 hectáreas. El 27 de junio de 1547, Diego Oro, obtuvo una porción de tierra equivalente a 260 hectáreas y, el 19 de septiembre de 1547, el Cabildo confirmó a los herederos de Gabriel Salazar, la posesión de tierras que le correspondió al fundar la ciudad, con unas 85 hectáreas.

Estas dimensiones crecieron posteriormente, a partir de fines del S XVI, así lo demuestra una serie de donativos hechos en Colchagua (entre el río Cachapoal y Tinguiririca). Hacia el 1600, Pedro Hernández de Cáceres, recibió 1300 cuadras, al igual que Jerónimo de Molina que obtuvo 1000 cuadras. En los años posteriores se concedieron extensiones de 4 mil y 5 mil cuadras35.

Las formas de adquirir estas extensiones de tierras, suscitaron numerosas controversias sobre los títulos que se otorgaban, especialmente cuando se refería a las demasías36 que se incorporaban a la primitiva propiedad. Esta situación obligó al gobernador Alonso de Ribera dictar un decreto en 1603, nombrando al agrimensor, Jinés de Lillo, para que revisara los títulos, midiera las tierras y reintegrar a la corona o a los indios aquellas que les correspondiera. Los propietarios serían confirmados en sus posesiones originales. Este juez, visitador General de Tierras, que fue el título de Lillo, durante dos años (1603- 1604) se dedicó a indicar con exactitud los deslindes, originando con ello la mayor parte de las haciendas del valle central, con sus respectivos documentos legales. Al mismo tiempo, examinó los reclamos y sentenció corrigiendo los deslindes (sobre bases no muy seguras; un árbol, una roca, un riachuelo, una quebrada, en todo caso, un avance para la época), poniendo la posesión a la parte ganadora en nombre del rey. Lo mismo hizo en caso de títulos defectuosos. Con el estudio de Lillo, quedó demostrado que la intención original de crear pequeñas propiedades no se concretó, por el contrario, a partir de la pequeña propiedad se produce el crecimiento. Entre las formas está la de agregar las demasías a la propiedad original. Surge así el criterio de reconocer los derechos adquiridos por una dilatada ocupación de hecho, la que Jinés de Lillo, fija en cuarenta años, prescribiéndose así los derechos anteriores. Posteriormente, se producen nuevos reconocimientos de propiedades incorrectamente adquiridos, así las demasías nuevamente fueron incorporadas a la propiedad que aparece como legal.

Para mantener indivisibles las propiedades, se estableció el mayorazgo, permitiendo pasar de una generación a otra, toda la tierra a manos del hijo mayor. Esto lleva a una mayor concentración de la tierra, dio m s fuerza al derecho basado en las mercedes de los primeros colonos, afirmó la encomienda como forma de propiedad rural y dificultó el surgimiento y mantención de la pequeña propiedad. El mayorazgo surgido a fines del S XVII, se mantuvo después de la independencia y solo se pone término con las leyes de 1852 y 1857, pero, en forma legal, porque la costumbre no desapareció, manteniéndose como una característica del campo chileno y lo que le valió una gran influencia en la vida política y económica del país.

Durante siglos de conquista se introdujeron en Chile las instituciones sociales y la cultura hispánica, lo que hizo, como en ninguna otra parte de América, que los grandes hacendados permanecieran leales a la corona37. Es así que Chile logra su independencia de España, obteniendo su libertad política, pero que no produjo grandes modificaciones, pues, si es verdad que libera a la colonia del dominio español, no emancipa a los inquilinos de su calidad de hombres ligados a la tierra, ni elimina al hacendado de su alta posición, de señor de la hacienda, ni ésta, perdió su condición de unidad económica. La hacienda, continuó siendo la forma característica de la propiedad, a pesar de algunos pocos chilenos que consideraron la guerra de independencia como la forma de producir reformas sociales y cambios en el tipo de propiedad existente hasta ese momento. Es el caso de Bernardo O'Higgins, que pretendió establecer en las proximidades de Santiago, una colonia de pequeños propietarios en las vecindades de lo que hoy es San Bernardo. No obtuvo éxito, pues, no hubo el suficiente interés por adquirir pequeños lotes y, los que fueron adquiridos por algunos extranjeros, terminaron por ser vendidos e incorporados a los fundos o haciendas adyacentes. Lo mismo sucede con las pequeñas propiedades entregadas a combatientes de la independencia. Algo semejante pasa con las colonias agrícolas que se crearon en diversas partes del país. Así, de estos intentos democrático- liberales por construir pequeña propiedad no queda rastro. La eliminación del mayorazgo tampoco tuvo éxito, pues, el decreto que los abolía no pudo ser promulgado. Este tipo de esfuerzos democratizadores le significaron la oposición de la aristocracia terrateniente38 que finalmente lo lleva a la abdicación. Fueron los Infantes, Errázuriz, De la Cerda y otros, los que constituyeron parte de la comisión de diez personas designadas por Mariano Engaña para actuar como oradores en el Cabildo y, hombres como estos, procedentes de la aristocracia de la tierra, los que formaron la junta que tomó el gobierno a la salida de O'Higgins.

Freire, el caudillo militar del sur, fue el jefe del nuevo gobierno, y aunque no representaba a la influyente aristocracia latifundista, fue aceptado como una manera de mantener el orden. Durante su gobierno se continuaron las reformas iniciadas por O'Higgins, en cuanto al agro. La medida m s importante fue el decreto promulgado en 1823, que ordenaba distribuir las tierras públicas en pequeñas propiedades. Sin embargo, Mariano Egaña, dificulta su ejecución. Sólo en la isla de Chiloé, la pequeña propiedad se concreta, percibiéndose hasta nuestros días la existencia de pequeños agricultores. Otra medida que toma el gobierno de Freire, contraria a la aristocracia y de su aliada, la iglesia, fue la confiscación de la propiedad del clero regular. Tanto con Freire como con Pinto, "un distinguido miembro del partido liberal que aspiraba a transformar el país en una república democrática"39, se debilita el poder de la aristocracia centralizada en Santiago, para traspasarlo a los gobernadores locales de las provincias y de las municipalidades. Estas reformas, fueron anuladas a los pocos años, con la restauración del poder de la aristocracia agraria.

En los primeros años de la república, se avanza a una democracia, así lo demuestran las constituciones de 1826 y 1828, cuyos postulados eran predominantemente democráticos. Pero, el día de las elecciones de 1829, la aristocracia terrateniente organiza una sublevación que termina por derrotar a los liberales en la batalla de Lircay (1830). Tomaron el control del gobierno, eliminaron los avances obtenidos por O'Higgins y Freire, y con respecto a la subdivisión de la tierra, restauraron en todo su significado el mayorazgo como forma de tenencia de la tierra.

La constitución de 1833, redactada principalmente por Mariano Egaña, encontró¢ en Diego Portales, al ejecutor "capaz de dominar los apasionamientos y disturbios"40. Se la utiliza como instrumento capaz de controlar el gobierno por parte de la oligarquía. Un diplomático norteamericano, la calificó como la "más aristocrática y centralizada de las constituciones americanas... El poder político descansa en la oligarquía", y aunque el ejecutivo se observa con gran autoridad, "en la práctica dependía de la oligarquía y sus representantes en el congreso"41.

Ella, elimina el derecho de sufragio a quienes no sabían leer y escribir (90% de la población de la ,poca); abolió casi por completo el gobierno local, creando un fuerte sistema centralizado. Con esto, la aristocracia de la tierra dominó por completo el gobierno y el país. Durante unos diez años se mantuvo sin variaciones salvo algunas alteraciones. Esta constitución del 1833, determina el marco de la nación y sobrevivió hasta 1925. Este período se conoce como la "república aristocrática"42. En todo caso, hubo algunos intentos liberales por recuperar el control político, como es el que realiza Freire, en 1836, y que fracasa. En años siguientes, surgen otros intentos por disminuir el poder terrateniente, con igual resultado, como lo son los realizados por José, Victorino Lastarria, Francisco Bilbao con la "Sociedad de la Igualdad", Eusebio Lillo y José, de la Cruz.

La lucha política, en m s de una oportunidad se convirtió en guerra civil, especialmente en 1851 y 1859, en que el triunfo, una vez m s, fue de la oligarquía conservadora, representantes de "las instituciones establecidas, de la propiedad y del orden social"43

El liberalismo, principalmente, durante la segunda administración de Montt, fue capaz de introducir importantes cambios: abolió definitivamente el mayorazgo; elimina el sistema de las propiedades vinculadas; termina con la alcabala44, con lo que contribuyó a no mantener intactas las propiedades heredadas por los miembros de la misma familia45. Otro elemento del debilitamiento producido a los hacendados, es la colonización que permite ocupar el borde norte y sur del territorio araucano. De esta época es la fundación de ciudades como Bajo Imperial, Valdivia, Tolten y otras. Además, se incorporan en este decenio las provincias de Arauco (1852) y Llanquihue (1871).

La radicación de colonos se vio fortalecida con la llegada de inmigrantes italianos, españoles, franceses, pero principalmente alemanes. Surge con estos, el primer grupo de pequeños agricultores en el centro y sur del país. Se había comenzado, con ello, a concretar el sueño liberal del pensamiento de O'Higgins.

Después de Montt, y a pesar de existir un sistema político fuertemente autocrático, entre 1861 y 1891, se observan una serie de presidentes liberales que algunos historiadores denominan progresistas y llaman a este período "la república liberal", a la que Cabero46 denomina período de la "oligarquía liberal". Durante este período se continua avanzando hacia el sur, especialmente después de la Guerra del Pacífico (1879-1883), en que se pudo contar con regimientos entrenados y con experiencia de combate, llegados del Perú, y a los que se trasladan a la zona de la Frontera con el objetivo de romper con la línea defensiva que los araucanos habían mantenido por siglos. Finalmente se logra incorporar nuevos territorios que fueron ocupados por unos seis mil colonos chilenos y extranjeros.

Para proteger a los aborígenes contra la usurpación de sus tierras, el gobierno creo, en 1866, las reducciones indígenas, destinando el resto de las tierras a formar nuevos grupos de colonos. Algunas de estas tierras se dividieron en hijuelas de 20 hectáreas en suelos buenos y de 40 hectáreas cuando la calidad era deficiente. Este tipo de propiedad fue bastante común, especialmente en la provincia de Malleco y parte de Cautín.

Las contradicciones entre la oligarquía liberal y la conservadora, terminan, así como en 1851 y 1859, en una nueva guerra civil (1891) que permite el control del poder a los conservadores, los que imponen la República Parlamentaria, otra forma de expresión política de la aristocracia. A partir del triunfo conservador, en el período 1891-1920, se produce un resurgimiento del control del hacendado. Se adoptan medidas tales como: eliminación de las contribuciones e impuestos a la propiedad y renta; se termina con el estanco del trabajo y con las contribuciones sobre los arriendos de propiedad. En el campo se aprecia una vuelta atrás, pues, las hijuelas formadas en el sur del país, por no existir prohibición de venta al término de su cancelación, vuelven a ser parte de una hacienda o, las hijuelas vecinas constituyen una hacienda nueva, cuyo poseedor es un colono recién llegado o parientes de uno ya instalado. En este proceso de concentración de tierras actúa en forma importante las fortunas de mineros, industriales, comerciantes y banqueros que habían logrado durante el SXIX, y que, como una manera de producir con costos menores, adquieren hijuelas y predios en la zona central y sur del país, logrando tener así un abastecimiento de productos alimenticios logrados en tierra propia. Para adquirir las propiedades optan por la compra de tierras, o lo hacen mediante el matrimonio con miembros de la aristocracia tradicional. Al introducirse este sector en el campo, se produce, en la posesión de la tierra, cambios importantes desde fines de S XIX. Por ejemplo, la fortuna de doña Juana Ross de Edwards y sus hijos Agustín y Arturo representaban $33 millones de pesos. Poseía Juana Ross de Edwards 7 predios y, Agustín Edwards 4 predios. Casos de haciendas próximos de centros mineros son: Hacienda Canal del Salto, en Copiapó, de Agustín Edwards Ossandón; hacienda Boca del Maule, en la provincia de Concepción, de Federico Schwager, propietario de minas de carbón en Coronel; hacienda Parque Cousiño en Lota, de Isidora Goyenechea de Cousiño, propietaria de minas de carbón en Lota. Otra fortuna de origen minero (salitre) que adquiere tierras es la de Francisco Puelma, cuya sucesión aparece como poseedora de la hacienda San Ignacio en la provincia del Biobío47.

Durante el período 1891 - 1920, de la República Parlamentaria, surgen nuevos elementos liberales, a los que se agregan los elementos radicales. Su actuación política sigue estando en los marcos de la organización social del país y del régimen aristocrático agrario. Sin embargo, se logró en el año 1920, elegir a Alessandri como Presidente de Chile. Este propuso en su primer mensaje al Congreso, el 1º de junio de 1920, la descentralización del régimen parlamentario que había desde la caída de Balmaceda; la separación de la Iglesia y del Estado; estabilidad monetaria; control de los bancos y, elecciones presidenciales directas. El Congreso, especialmente el Senado, que escucha este mensaje, era mayoritariamente representante de los hacendados y, esta mayoría le permitió rechazar los nombramientos de ministros hechos por Alessandri. También se opuso a la aprobación de una contribución a la renta (diciembre de 1923), llegando a rechazar la aprobación del presupuesto del año siguiente. Los Senadores cedieron cuando la Guarnición de Santiago, que a la fecha estaba impaga, evacua la ciudad. El impuesto a la renta se aprobó. La lucha Ejecutivo-Senado continua después, con motivo de un impuesto a la tierra. Alessandri, se vio obligado a renunciar, la que no es aceptada y solo se le otorga un permiso para salir del país. Una vez más, los conservadores logran su objetivo.

Un grupo de oficiales jóvenes del ejército, con Carlos Ibáñez del Campo, liderándolos, se proponen salvar los resultados de lo obrado por Alessandri. Obligaron a renunciar a la junta conservadora y llamaron a Alessandri que estaba en Europa. El 30 de agosto de 1925 se adopta la nueva Constitución Política de Chile, a la vez que se concretan gran parte de las medidas anunciadas por Alessandri en el citado mensaje al Congreso.

Alessandri, es reemplazado por Ibáñez en 1927, quien reprime a conservadores y radicales, así como al movimiento popular de la, poca, pero, lo que interesa, en esta oportunidad, es el programa que se elabora y que estuvo orientado a suprimir los males provocados por el sistema agrario.

Los aspectos principales de este proyecto fueron: colonización de las tierras que aún permanecían en poder del Estado; ensanche de la irrigación; prestamos rurales a pequeños propietarios; desarrollo de cooperativas agrícolas; revisión y corrección de títulos de propiedades en las tierras ya colonizadas del sur, eliminando al mismo tiempo las comunidades indígenas que existían; subdivisión del latifundio en la zona central y establecimiento de colonos agrícolas.

Durante la administración de Montero, este programa agrario se abandona. Le sucede en el mando de la Nación, Carlos Dávila, quién propuso un Socialismo de Estado que mantenga el derecho de propiedad y que junto a un sistema de economía privada se desarrollaba una de carácter colectivo o social. En cuanto a la colonización, pretende realizarla para solucionar los problemas de cesantía y, como no había tierras públicas para concretarla, además de no contar con dineros disponibles para comprarlas, el proyecto no se pudo realizar. Dávila es derrocado, formándose un gabinete de coalición (4 de octubre de 1932) que llama a nuevas elecciones.

El 24 de diciembre de 1932 se da inicio a la segunda administración Alessandri, poca a la cual, la hacienda existe aún, sin ser mayormente tocada, permitiendo que no se haya perdido el poder político, económico y social de la aristocracia terrateniente, es más, a través de la Sociedad Nacional de Agricultura, fundada en 1838, sostiene su influencia a tal punto, que en muchas oportunidades los hombres de gobierno son integrantes de esta sociedad. Algunas veces, como en 1925 u otras, el Ministro de Agricultura fue el presidente de la citada sociedad. También se aprecia su influencia en la toma de decisiones tales como: no permitir en 1921 la organización de trabajadores rurales; los resultados favorables que logró para impedir la construcción de un ferrocarril que permitirá la importación de animales en pie desde Argentina; mantener los derechos aduaneros al ganado argentino; oposición al tributo propuesto a las herramientas agrícolas48. En la memoria de 1933, declara que se ha opuesto a la aplicación de las leyes del trabajo a los empleados rurales49. Por otra parte, esta sociedad reciba un aporte gubernativo, en 1925 ingresaron por este concepto $50 mil, a la vez que sus asociados de Copiapó y Osorno reciban una cantidad menor50.

Al rastrear la influencia de los terratenientes, que constituyen el sector agro-exportador y agrupados en la S.N.A., en el período 1830 1930, es posible establecer que 46 presidentes, vicepresidentes y directores de esta sociedad, tuvieron vinculaciones con estructuras del poder político, económico y cultural, constituyendo formas de instrumentalización del poder cuya base es la posesión de la tierra. En el período mencionado encontramos 18 senadores entre directores de la S.N.A. y, 34 diputados. En cargos de ministros y otros hay 29 miembros de S.N.A.

Las conexiones con el poder económico son de carácter más amplias y complejas, pero es posible identificar lo siguiente: 15 miembros de la S.N.A. como Directores de Bancos; 5 como Directores de la SOFOFA; 16 ocuparon puestos como ejecutivos en fábricas, Cámara de Comercio, F.F.C.C., Compañías de Seguros y Exportaciones mineras.

La influencia en instituciones culturales y de Educación Superior, también es notoria, pues tenemos 5 miembros de la S.N.A. en puestos de Dirección en Universidad de Chile; 6 personas como Directores de Diarios importantes del país (La Nación, El Mercurio,

El Diario Austral, etc.) 10 hombres de la S.N.A. aparecen en actividades de acción cultural como sociedades de beneficencia.

Algunos casos, del período a que hacemos referencia, pueden ayudarnos a comprender la presencia de los miembros de la S.N.A. en el sistema de dominio surgido a partir de la hacienda51:

- *Domingo Yzaguirre: Presidente de la S.N.A. (1838); Diputado (1811)*
- *José, Miguel de la Barra: Vice Presidente de la S.N.A. (1843); Diputado por Santiago; Diplomático en Londres; Intendente de Santiago; Director de Presupuesto y Estadística; Decano de la Facultad de Filosofía y Humanidades.*
- *Álvaro Covarrubias; Presidente de la S.N.A. (1861); senador (1870); Diputado (1858-1864); ministro de Corte de Apelaciones; Ministro del Interior; Consejero de Estado; Ministro £único de Baquedano; Ministro Corte Suprema.*
- *Eliodoro Yáñez; Presidente S.N.A. (1908-1923); Senador; Diputado (1894); Alcalde de Santiago; Ministro de RR.EE.; Presidente de la SOFOFA; fundador del diario "La Nación"; Profesor de la Facultad de Leyes y Ciencias Políticas.*
- *Jaime Larraín García Moreno: Presidente S.N.A. (1925-2936) Senador; Diputado; Director Banco Central; Presidente de la Confederación de la Producción y el Comercio.*
- *Agustín Edwards Mc Clore: Director de la S.N.A. (1901-08-10). Diputado (Vice-Presidente de la C mara); Ministro de Relaciones Exteriores (3 veces);*

Embajador en Italia, Espada; Presidente Banco Edwards y Cía. de Valparaíso; funda la Cía. de Seguros la Chilena Consolidada; funda El Mercurio de Santiago, la Estrella, Zigzag, Las Ultimas Noticias.

Estos casos, y muchos otros, trascienden el dominio local, para ser parte de la superestructura política, económica y social del país.

Capítulo II: Expansión de la Frontera Agrícola

Si por una parte, surge un grupo de poder basado en la producción agrícola y en la propiedad de la tierra, obtenida de la expansión permanente de la frontera agrícola, por la otra, se produce una disgregación de la población y de la cultura del pueblo mapuche, que está en directa relación con la usurpación de sus terrenos comunales. Posteriormente esta disgregación la sufrir el inquilino, el campesino y el colono empobrecido.

En este proceso de disgregación, es posible visualizar, básicamente, tres etapas esenciales: una, comprendida por dos siglos de guerra con los conquistadores, quedando reducidos a las actuales provincias de Arauco, Biobío, Malleco y Cautín; otra debemos referirla al proceso de colonización durante el S XIX; por último, una etapa que podemos denominar el proceso de chilenización o, de incorporación a la institucionalidad del país, es la integración al proceso de proletarización (obreros vía férrea, panificadores), inquilinaje, comercio callejero o integración a la vida política (diputados, ministros).

Referente a los orígenes del pueblo mapuche es posible rescatar dos hipótesis. Una, señala que unos 100 o 200 años antes de la invasión incaica, "un pueblo guerrero se incrusta, como una cuña... a la altura de Cautín, cortándola en dos porciones"52. Su procedencia sería de las pampas argentinas, donde habrían residido cierto tiempo como cazadores nómadas. Su permanencia, allende los Andes, sería confirmada por algunas costumbres pampeanas y nombres personales y geográficos o, denominaciones totémicas, como Nahuel (tigre), Chuque y Huanque (avestruz). Este pueblo se denominaba así mismo mapuche, o sea, gente de la tierra. La otra hipótesis, indica que los primitivos recolectores y cazadores nómadas 53 que "ocupaban ciertas áreas de manera estable fueron la base del asentamiento mapuche. Uno de estos grupos recolectores se erigió sobre el resto, les impuso su lenguaje, sus creencias, etc."54

Si la procedencia del pueblo mapuche es externa o interna al territorio, es un problema que escapa a nuestra investigación, pero, lo que si nos interesa, es que entre 500 a 600 años D.C., ya existía una cultura que podemos denominar mapuche. Así, lo muestran los restos líticos, la alfarería y las costumbres funerarias.

La población, se calcula en cerca de un millón de habitantes, si se considera al conjunto de tribus, pero, si se toma en cuenta "a las tribus que ostentaban más o menos puras las características de la raza"55, la población era de una 350 mil almas56, cifra que se aproxima a la señalada para la región de la Araucanía, por José, Bengoa, que la señala "cercana al medio millón"57. En todo caso, los cronistas, indican que a la llegada de los españoles había una gran concentración de población al sur del río Itata y, algunas áreas estaban más densamente pobladas, como lo era, la actual provincia de Arauco, en lo que corresponde al poniente y oriente de la cordillera de Nahuelbuta.

Al trazar un perfil de los araucanos, podemos decir que eran poseedores de una cultura cuya base económica era una agricultura y ganadería incipiente, con predominio de la caza, pesca y recolección. La organización económica, descansaba sobre la base del más claro individualismo, sin propiedad personal de la tierra, pero sí de los ganados, de las cosechas y bienes que lograba reunir. Su organización familiar era de estructura patriarcal, componiéndose de un hombre, las mujeres que era capaz de mantener y sus hijos. La "instituciones" sociales y políticas empezaban en el LOV., o sea, la reunión de los parientes inmediatos que habitaban un grupo de rucas vecinas. El LOV, era parte de algo más amplio, el LEVO, que abarcaba varios grupos totémicos o cahuines, los que reconocían un antepasado común y podía llegar entre 1600 a 4000 almas. Su jefe, era el descendiente más inmediato del antepasado común y, tomaba el nombre de Toqui. Cada LEVO, tenía tres jerarquías: ngentoqui (jefe militar); ngenvoigue (jefe civil en tiempos de paz) y el voiguenvoe (jefe religioso). El LEVO, logró tener un aspecto político, pues, en él se decidían los asuntos locales y se aceptaban o rechazaban los acuerdos de otros LEVOS. La guerra con los españoles, engendra una cuarta institución, la vutamapu (junta de aillarehue), la que comenzó como una reunión de carácter militar. En su inicio había tres vutamapu: lavquenmapu (costa); llevumapu (los llanos) e inaquiremapu (cerca de las nieves). Después, para facilitar el trato con los españoles se añadieron dos más: piremapu (alta cordillera) y huillichemapu (gente del sur). Los jefes de estas agrupaciones tenían carácter estrictamente militar y eran elegidos por los caciques, durando su mando el tiempo de la guerra. Estas instituciones se modificaron durante la colonia (de cahuin para los asuntos de la guerra, a cahuin sin finalidad militar) y algunas desaparecieron, como el caso de la organización totémica. Aún, cuando existían estas "instituciones", el pueblo araucano carecía, casi por completo de cohesión social y política58.

La guerra, es otro elemento a considerar en el trazado de un perfil del pueblo araucano. Fue capaz, por tres siglos, defender la tierra que le daba el sustento (caza y recolección, agricultura y ganadería incipiente), para ello, modifica sus formas de lucha e inventa nuevas armas y tácticas que le permitieran defenderse del conquistador primero y, luego del chileno republicano. Contra el uso del caballo, desconocido para ellos, supieron escoger el terreno adverso a su empleo (quebradas o bosques) e idearon la empalizada de madera; utilizaron el garrote corto en la batalla de Concepción en 1555; el lazo lo entrenaron en la batalla de

Marigüeñu contra Villagra. Aprendieron el uso de las armas españolas, las que quitadas al enemigo las utilizaron en su contra, Caupolicán peleó en Milapoa, montado a caballo, como también lo hicieron una centena de araucanos en el asalto a Angol. Con Lautaro, incorporaron la técnica del ataque en oleadas sucesivas, hasta agotar al enemigo y vencerlo. En los mapas históricos 59 de las páginas siguientes es posible apreciar diferentes momentos de lo que se denomina "Guerra de Arauco".

Toda esta capacidad guerrera, se observa a partir de la defensa del "espacio acotado", cuando el conquistador pretende ocuparlo. A partir de allí se observa también el desarrollo militar. Antes, al parecer no existe una situación de guerra entre ellos, como forma de resolver los problemas entre un LEVO y otro, o, al interior del LOV. Pareciera que el conflicto es más cercano a personas que riñen, producto de una borrachera que otro. Motivos de carácter económico o la disputa por "poder político" (jefatura) no los pudo haber, por cuanto, no había propiedad sobre la tierra; la agricultura y ganadería incipiente no permitía la acumulación de productos que disputar; no es posible detectar esclavitud de hombres o servidumbre de hombres a la llegada del español60; por último, sus "instituciones" eran de carácter ancestral, por lo que no representaban grupos o familias y, mucho menos, poseedoras de tierras, productos u hombres. Esto hace, que el conflicto al interior del pueblo araucano, sea de tipo mágico religioso, robo de mujeres o de especies, convirtiéndolo en una situación de conflicto ocasional y local61.

No habían pasado 100 años de guerra entre araucanos y españoles, cuando aparecen los primeros intentos de paz. El 6 de enero de 1641, producto del trabajo de los jesuitas Alonso Ovalle, Rosales y otros, se logra el parlamento de Quilín, en el cual, los españoles reconocen como frontera el río Biobío y la independencia de los territorios que van de este río al Tolten. Se les reconoció como nación independiente que se relaciona directamente con la Capitanía General del Chile. De aquí en adelante, la situación de enfrentamiento cambia y se pierde la rigurosidad que presenta la guerra con anterioridad a este parlamento. En lo sucesivo, estar presente la instancia del entendimiento como lo serán los propios parlamentos de Negrete, celebrados por el Gobernador Cano y Aponte (13 de febrero de 1726) y el del Gobernador Ambrosio O'Higgins poco antes de la independencia de Chile. Estos parlamentos tuvieron gran influencia en el pueblo mapuche, a tal punto de sentirse obligados por los acuerdos logrados en ellos. Según un punto de acuerdo del parlamento de Negrete de 1726, debían luchar juntos a los españoles en contra los enemigos de estos, sin embargo, a pesar de los acuerdos, en los hechos estos se violaban.

Poco tiempo después del parlamento de Quilín, durante los veranos, se organizaban excursiones al territorio araucano, tanto para amedrentarlos, obtener cautivos para ser vendidos como esclavos en Santiago, o a los encomenderos del norte del país.62

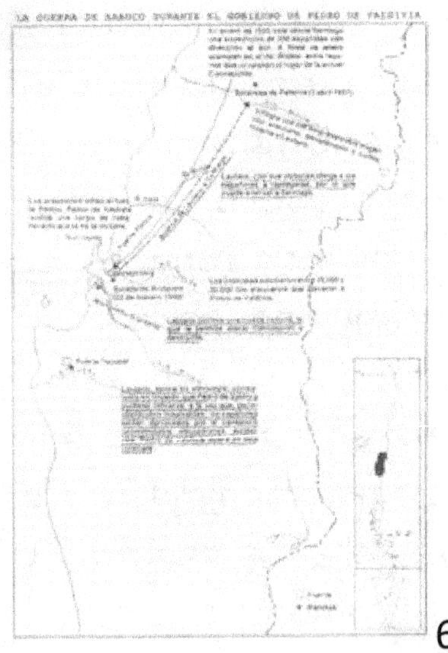

63

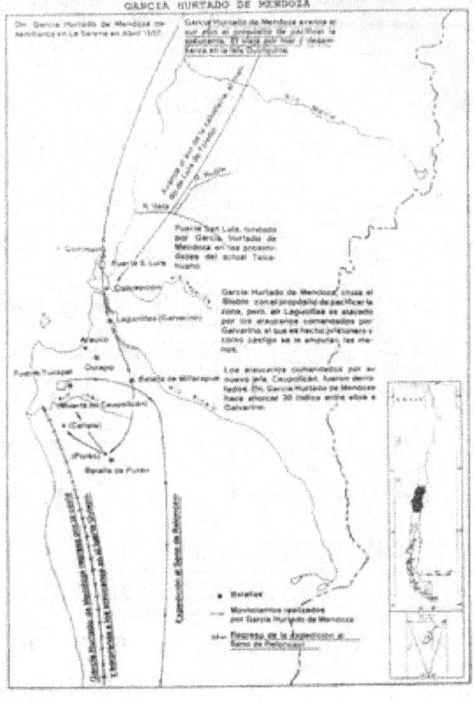

LA GUERRA DE ARAUCO DURANTE EL GOBIERNO DE GARCIA HURTADO DE MENDOZA

LA GUERRA DE ARAUCO DURANTE LOS GOBIERNOS DE FRANCISCO VILLAGRA; PEDRO DE VILLAGRA Y RODRIGO QUIROGA

64

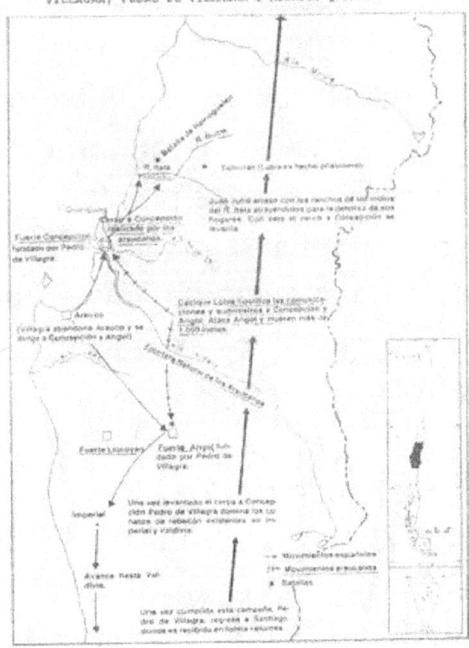

65

La guerra, el intercambio de mercaderías y los propios parlamentos, provoca cambios en la sociedad mapuche. Ya hemos señalado la incorporación del caballo, diferentes técnicas de combate, además del ganado vacuno y lanar, del trigo y otros alimentos. De ser, una sociedad en que la caza y la recolección dominaban la actividad económica, hacia fines del S XVIII e inicios del S. XIX, se convierte en una economía con agricultura y ganadería incipiente, a la vez aparecen relaciones mercantiles y una división del trabajo más compleja, que lleva a relaciones de subordinación cada vez más marcadas. Esta subordinación la apreciamos en la separación entre Lonco y Conas, como es el caso de Colipí, que en su casa tenía un lugar para los mocetones que lo servían, a la vez que hablaba de sus "mozos" como empleados a su servicio66. Por esta misma época, se puede constatar el reparto de excedentes, a pesar de no existir propiedad privada sobre la tierra. Así la guerra y el vínculo comercial con los españoles, afecta al sistema igualitario y a la escasa división social del trabajo. Algo semejante ocurre con las instituciones de carácter ancestral, pues, a fines del S XVIII, los toquis, habían adquirido mayor estabilidad 67 para enfrentar las tareas de "gobierno" como participar en los parlamentos, en el comercio y en los problemas de frontera. Las agrupaciones mapuches también se modifican, ya que el hecho de participar en sucesivos parlamentos hace que los caciques deleguen su poder en quien los represente, es así que se organizaron en repartimientos (grupos de caciques) y butalmapus (grandes regiones) para organizar las representaciones, lo que finalmente lleva a que apareciera el Ñielol Lonco o cabeza principal, como resultado de las múltiples elecciones que sufría una mismo Lonco. Entonces, podemos observar que a inicios del SXIX había 100 caciques importantes que dominaban el territorio (de estos habían unos pocos Ñielol Lonco), número escaso si lo comparamos con los aproximadamente 1500 que participaron en los primeros parlamentos. Esta concentración del poder provoca también un cambio en el carácter del cacicazgo, pues, este pasó a ser hereditario, lo constatamos durante el SXIX, en que las juntas (cahuin) de guerreros se constituyen para confirmar al cacique, o para confirmar al heredero. El cacique Mangin fue elegido por méritos propios (según la vieja costumbre), pero, a su muerte, el poder fue transmitido a su hijo Quilopan por herencia, lo mismo sucede con Cafucura, Coñoepan y otros, en que sus hijos heredaron el poder. Se advierte durante este siglo, que los hijos de loncos para heredar la jefatura, sean sometidos a una educación consistente en ser guerreros, oradores, conocer las familias aliadas y los parientes.

El conjunto de cambios económicos, sociales y políticos que sufre la sociedad mapuche al iniciarse el SXIX, lo hará estar como señala José, Bengoa al citar a Alejandro Lipschutz, "en una transición hacia una forma de señorialismo"68 algo semejante al proceso vivido por los diaguitas en el norte del país, los que habían logrado los "señoríos" (con anterioridad a la llegada del español), o sea, el paso de la comunidad familiar a la comunidad rural. Otro elemento nuevo, es la guerra al interior de las comunidades mapuches, pues, es observable entre agrupaciones de caciques y también entre familias de la misma agrupación, como una forma de controlar el liderazgo o la representación del pueblo mapuche ante las autoridades de la época.

Con el advenimiento de la independencia de Chile, el pueblo mapuche sufre una nueva etapa de disgregación de su identidad, esta vez, orientada a la asimilación a la nación chilena, es el proceso de chilenización. Después de la alteración que sufre la producción de granos en el país, debido al proceso de independencia, hacia 1850, la situación cambia favorablemente, pues el descubrimiento de oro en California y el inicio de la colonización de Australia, provoca una demanda de trigo, haciendo subir los precios y con ello el interés por producirlo (en 1840 tenía un precio de $2,00: en 1851 subió a $ 3,50 y, en 1855 a $5,50). Esta situación lleva a un aumento de la demanda de tierras, lo que hace subir su valor, por ejemplo, en el valle del Maipo, el precio de la hectárea en 1840 era de $ 100 en 1860, algo más de $300. Pero, como las tierras del Valle central se encontraban ya distribuidas se comienza a presionar por expandir la frontera agrícola, lo que equivalía a avanzar y ocupar el territorio de la Araucanía. Valdivia, Osorno, Puerto Montt y Llanquihue ya habían comenzado a ser colonizados por alemanes y, en 1843 se había ocupado la zona austral con el Presidente Bulnes y en la que aparecían los rebaños de ovejas en la década de los 50. Por otra parte, la apertura de las minas de carbón dio un impulso a la actividad económica de la zona de Concepción. Ambas actividades, minera y agrícola, obligaron a los caciques a vender sus tierras o donarlas a jefes militares o civiles69, con lo que a mediados del siglo pasado, en esta zona, la propiedad agrícola estaba en la práctica constituida, y los mapuches contraídos en el extremo sur de la provincia.

Esta ocupación de la Araucanía se realiza sobre la base de un plan, cuyo objetivo principal era obtener los territorios de Arauco, para integrarlos a las tierras agrícolas del valle central y satisfacer la demanda del grano. El ejecutor de este plan fue el coronel Cornelio Saavedra70 quien, ante el Congreso, expresa en 1861 lo siguiente: "1º que en avanzar la línea de frontera hasta el río Malleco; 2º, en la subdivisión y enajenación de los terrenos del Estado comprendidos entre el Malleco y Biobío; 3º, en la colonización de los terrenos que sean más a propósito"71. Saavedra, en una segunda etapa de pacificación de la Araucanía, cuenta con el concurso del coronel Gregorio Urrutia, el que logra establecer la línea del Malleco con una serie de fuertes, entre ellos "Torre del Mirador", al que unió con el centro de la República mediante el telégrafo. Lo mismo hizo con Traiguen, el 12 de enero de 1879. Con esto, el coronel Urrutia, logra¢ incorporar al territorio nacional m s de cien mil hectáreas y la mitad de la antigua Araucanía quedó bajo control. La Guerra del Pacífico, obligó a mover fuerzas (Batallón Biobío, Carabineros de la Frontera y parte del Batallón Angol) hacia la zona de conflicto. El propio coronel Urrutia, es relevado del mando del ejército de la Frontera y enviado al norte como delegado de la intendencia del ejército y luego, ocupa el cargo de jefe del Estado Mayor de la División. Con esto, se produjo una situación favorable para el alzamiento general que realizaron los mapuches en el período 1880-1882. Estaban concertados cuatro butalmapus (cordillera, valle central, Nahuelbuta y costa) y su plan consistía en que, un día convenido cada agrupación atacaría un fuerte, un pueblo, una misión, un lugar donde viviera el chileno, con el objetivo de expulsar al huinca de sus tierras. Las tribus arribanas iniciaron las hostilidades en septiembre de 1880, y de ahí en adelante, se van plegando los demás. Se asaltan las guarniciones de Andera, Los Sauces y Lumaco. Se inicia el asalto a Traiguen, pero, al encontrar resistencia, se dirigen al fuerte de Lebuelman y de allí a Los Sauces. Luego, se dirigieron a las montañas de Quecheregua, para dirigirse a la línea del Malleco, pero, aquí encuentran gran resistencia, siendo derrotados en el paso del río. Este desastre pone término a la primera etapa de este alzamiento.

Mientras sucedía esto en la zona de la Araucanía, en el norte se obtenía el triunfo de Chorrillos y Miraflores, lo que permitía al Gobierno tener a su disposición casi la mitad del ejército. El Presidente Pinto organiza una división de 2 mil hombres que puso a las órdenes del Ministro del Interior, Manuel Recabarren y con el comandante Manuel Ruminot a cargo del Estado Mayor. Esta expedición fundó fuertes como Quillón (16/2/1881); Aníbal Pinto (18/2/1881); Pillanlelbun (21/2/1881) y el fuerte de Temuco (24/2/1881) que se levantó frente al vado de Temuco. Al fuerte de Temuco se le intentó arrasar entre el 27 de febrero y el 10 de marzo de 1881, lo que fue frustrado como en otras ocasiones.

Esta expedición de pacificación de la Araucanía, coincidía también con la acción que realizaba el ejército argentino para reducir a la población aborigen en su territorio. Acción que se coordinaba entre ambos gobiernos. Esto se debe a que las poblaciones indígenas se movían de un lado a otro de la cordillera, como es el caso de los pehuenches de la cordillera, que estando en una situación amenazante por el avance del ejército trasandino y con su cacique principal prisionero (Purrán) envía por ayuda a Neculmán, el cual tenía relaciones con los de la cordillera. El fuerte Chomalal, instalado por los argentinos, es asaltado en marzo de 1881, mueren unos 25 soldados argentinos entre ellos chilenos que habían huido de la justicia[72]. Encina, se refiere a este fuerte con el nombre de Alamito[73].

El ministro Recabarren regresó a Santiago y el 16 de marzo de 1881, el coronel Urrutia vuelve a hacerse cargo de la pacificación de la Araucanía. Urrutia, dice en una oportunidad: "Cuando me fui al Perú, deje la Araucanía en completa paz, y cuando volví, la encontré, en completa revolución, a tal extremo que no se podía ir de Angol a Traiguen sino con un piquete de 25 hombres por lo menos. La audacia de los indios había llegado hasta atacar la plaza de Traiguen y quemar todos los trigos de los alrededores y las casas de los suburbios de la población"[74]. Para Urrutia, la pacificación exigía el escarmiento de los indios en sus refugios de las montañas de Ñielol. Entró en ellas el 13 de abril de

1881 con un ejército fraccionado en cinco grupos, iniciando una persecución que duró 12 días. Allí, murieron casi todos los caciques que se habían refugiado, y se tomó prisionero a un gran número de indios. "La cacería en las montañas del Ñielol puso término a la rebelión general del Araucanía"75

Como consecuencia de la derrota, se produce el desplazamiento de la población mapuche de las tierras que ocupaban. Los mapuches buscaron refugio en los cerros y en la cordillera como una forma de protegerse de la represalias. También arrancan al otro lado del río Cautín. En el verano de 1882, se cerraron los pasos cordilleranos y se somete a los pehuenches, gracias al esfuerzo del comandante Droully, quien fundó en Lonquimay el fuerte de Nitrito. Este sometimiento, obligó a nuevos desplazamientos de la población, esta vez hacia Argentina.

La derrota militar sufrida por el pueblo mapuche, permitió la penetración en sus territorios, en que los ingenieros levantan planos; se tiende la línea férrea: comienzan a instalarse los primeros colonos; se inician los remates; se inaugura, en tiempos de Balmaceda, el viaducto del Malleco.

Con esta nueva situación se planteó el problema de qué hacer con los mapuches, radicarlos por familias o por grandes conglomerados (grupos de familias), cuestión, que hacia 1915, aún no se resolvía. Finalmente se impuso la antigua ley de colonización del año 1866, con los cambios que se le habían realizado y no se optó por ninguna de las dos alternativas planteadas, ya que, los caciques fueron considerados iguales que los jefes de familias para la radicación, reduciendo su autoridad al interior de sus grupos familiares. Este sistema permitió entregar finalmente solo 3 mil unidades de terrenos para las reducciones, y no las 20 mil propiedades si se hubiese hecho por familias independientes. Así, la sociedad mapuche queda reducida a comunidades en que el cacique solo tendrá un papel ceremonial o ritual, en torno al cual están los parientes para llevar el título territorial que el Estado les ha entregado.

Reducido el pueblo mapuche en las llamadas reservaciones, el resto del territorio quedó libre para la colonización que el Estado de Chile proyectaba, y para lo cual había aprobado la ley 1.322 de 1899, que permitía hacer un contrato de inmigración con el Sr. Charles Colson, para traer al país cinco mil familias en un plazo de ocho años.

En el SXX, encontramos al mapuche concentrado en reducciones, en que, de pronto, se vio con su sociedad transformada, la que podemos caracterizar por una sociedad de campesinos pobres; una sociedad dispersada; una sociedad cerrada a los cambios, a las influencias, a las costumbres, lo que difería a lo sucedido en los siglos anteriores; una sociedad de resistencia, que ve su sobrevivencia en la mantención de sus tradiciones; una sociedad a la que permanentemente le usurpan sus tierras, como es el propio caso del cacique Maripe que pierde sus tierras y es muerto en Ranquil76; se hicieron comerciantes en Temuco y adoptaron algunos oficios; se hicieron obreros y participaron en diversas obras, como en los ferrocarriles; se hicieron campesinos. Son las expresiones de la integración al ser nacional en construcción.

Una corriente para examinar la integración mapuche a la nación chilena, está dada por la facilidad con que un sector mapuche se integra a la vida política contingente del país. En 1924, Francisco Melivilu fue elegido diputado por el Partido Demócrata, como también lo fue Arturo Huenchullen y, Manuel Manquilef que fue diputado por el Partido Liberal. Venancio Coñoepan inauguró un movimiento indigenista ligado al Partido Conservador, llegando a ser Ministro de Tierras y Colonización, en el gobierno de Carlos

Ibáñez del Campo, el cargo más alto que un mapuche ha tenido en el aparato del Estado.

Capítulo III: Expansión, caudillismo y bandolerismo en La Frontera

Entre el Biobío y en Toltem se encuentra una vasta zona denominada la Frontera, con una histórica relación de hombres y hechos unido a cada rincón, en que sus antepasados lo dieron todo, sellando en ese escenario, una identidad histórico-social que constituye una unidad propia, particular, que la hace diferente al resto del país. Esta unidad histórica, étnica y cultural que aparece durante el siglo XIX en la Frontera, comparativamente con la zona central, es compleja y heterogénea, más aún, cuando arriban a ella los inmigrantes tanto chilenos como extranjeros, que buscan lo que no pudieron obtener en su tierra de origen77. En el siglo pasado, Ignacio Domeyco, hablaba con gran interés de los robles y avellanos, de los canelos y araucarias, que hacen de la Frontera una tierra promisoria. El Biobío por el norte y el Toltem por el sur, imposibles de atravesar por los primeros conquistadores. En sus riberas se fundaron fuertes militares y por sus aguas bajaba la madera de la montaña. Casi al centro de ambos ríos, pasa el río Malleco. Están también el Cautín, el Vergara, el Imperial, por los que surcaron embarcaciones transportando el trigo en otros tiempos. En esta geografía, de ríos, bosques, cordillera y mar, nacieron pequeños pueblos, aldeas y ciudades, a costa de sangre y polvera. Nacimiento, Traiguen, Angol, Collipulli, Lautaro, Temuco. Durante siglos estuvo amenazada por el dominio español, pero defendida con su resistencia heroica del pueblo mapuche. Luego, por un período de 30 años, en lo que Lipchutz llama "guerra de conquista en miniatura", se vio invadida por soldados que impusieron la ley mediante la violencia y la discriminación. Es el período de la "guerra a muerte" (1860 - 1890), la "tierra alzada", el "drama y epopeya de la Araucanía, como lo han llamado diferentes historiadores. El cacique Faustino

Quilahueque escribía a un amigo con motivo de esta "guerra a muerte": "... los asesinatos, salteos, usurpaciones de terrenos, todo cometido en las personas de muchísimos indios. Vos muy bien sabes la ilegalidad de las pretendida compras que estrecharon a los indios hasta ponerlos en el caso de no tener donde trabajar"78. Alzan su protesta, contra esta pacificación militar de la Araucanía, los legisladores Vicuña Mackenna, Manuel Antonio Mata, José, Victorino Lastarria, quienes la condenan como contraria a la justicia y a la humanidad.

Con el surgimiento de la gran propiedad agrícola, aparecen los prohombres o patriarcas, en cuyos latifundios se encontraban pueblos, estaciones de ferrocarril, oficinas de correos y cuarteles. Es el caso de las propiedades de Rafael Anguita (Alcalde de Los Ángeles), de Martín Bunster o, de Domingo de la Maza en Los Sauces y Traiguen. Fueron estos mismos connotados vecinos los que dieron "un voto de gracia al Supremo Gobierno por haber iniciado el proyecto de adelantar la línea de frontera y proyecta en consecuencia las propiedades españolas al sur y norte del Bíobío79. Acto seguido, preguntaban: "¨Qué se hará Excmo. Señor, de tantas propiedades que abandonadas y sin cultivar se hallan al otro lado del Bíobío? Ante esta situación, el diputado por La Serena. José, Victorino Lastarria, denuncia en el período legislativo de 1870: "Si se avanza la línea de frontera hasta el Malleco, era para proteger ciertas propiedades particulares situadas entre el Malleco y el Bíobío".

Otro prohombre de la Frontera fue José Bunster (fundó el primer molino de trigo de la zona) a quien se le ha llamado el generador de la Araucanía industrial, el fundador del comercio y la industria, el creador de la agricultura de la Frontera. En 1882, fundó en Angol el primer Banco de emisión de la Frontera (Banco de José Bunster) con un millón y medio de pesos. Como terrateniente, logró tener más de 20 mil hectáreas en Traiguén, las que trabajó con unas 1200 personas80. En 1906, encontramos en pleno auge al señor Augusto Smitmans, Alcalde de Los Sauces, de quien el diario El Colono de diciembre de 1905 dice: "haber acrecentado sus haciendas con animales de procedencia dudosa y muy poca honrosa. Este hecho es público y notorio en este pueblo".

Unida o no a la propiedad y tenencia de la tierra surge la actividad comercial, lo que se expresa en las tiendas de los franceses, las mercerías de los alemanes, las bodegas compradoras de trigo de los españoles. Es así, que el apellido del colono extranjero aparece fuertemente en el escenario, tenemos los molineros Krause y Dreves, al hotelero Mickelssen, al panadero Heilig, la imprenta Hemke, la cerveza Walper. Con esto se cumplía el punto cuarto del plan de colonización del coronel Cornelio Saavedra81. La población extranjera en la Frontera entre 1883 y fines de 1885 se había incrementado, siendo de 151 españoles, 605 franceses, 1975 suizos, 950 alemanes, 25 rusos, 7 italianos, 2 belgas, 3 norteamericanos y 8 ingleses82. Esta población extranjera se organiza en las llamadas colonias, por ejemplo, la colonia alemana constituida por Rolf CH. Geissel, Manfred Steven, Carlos Haverbeck, Herna Skalweit y otros; la colonia italiana compuesta por personas como Roque Baratelli, Giusseppe Gasparini, Angelo Torti, Mario Fulgieri y Pastene Balocechi; la colonia francesa ofrece integrantes como Raúl Moreau, Jorge Pinochet, Sergio Trillat, Juan Pedro Ferrire83

Junto con el progreso de algunos colonos, especialmente extranjeros, se produce el empobrecimiento de otros, generalmente nacionales, que son desplazados y obligados a emigrar hacia otros lugares de la Frontera, o a salir de la zona. Una de las causas que motiva esta situación es que el colonizador chileno llevado a la zona, no reunía las condiciones de colono, pues eran plateros, retirados del ejército o dados de baja, zapateros, cigarreros, etc., tal como lo señala el ingeniero Teodoro Schmidt en un informe redactado en 1882, en que indica que la colonización estuvo mal planificada al no hacer un estudio de las aptitudes que debía reunir el colonizador que se instaló hasta 1869. El desplazamiento se produjo hacia los centros productivos que aparecían: las minas de carbón en Lota y Schawger o, las salitreras que los atraía. Pero, también están los que toman rumbo a la Argentina a través del paso andino de Lonquimay y, terminan siendo los primeros pobladores de la provincia de Aysén, después de una larga y dificultosa estada en las pampas argentinas, así como otros que mantienen comunicación con su tierra natal pasando una y otra vez la cordillera. Un caso que ilustra esta última situación es Juan Segundo Leiva Tapia[84] que nació en Argentina y llegó a Chile a la edad de ocho años procedente de Chusmilla, T. de Neuquén y fue presentado como huérfano de padres chilenos en la Notaría de Temuco[85]

De entre los colonos surgieron caudillos que concentraron gran poder, no solo económico, sino que también político. Este caudillismo hecho sus raíces principalmente en la provincia de Malleco. Un prototipo de caudillo en la zona, es el agricultor Augusto Smitmans, que vivió en su fundo Santa Catalina en las proximidades de Los Sauces. Su casa, era una fortaleza protegida por guardianes, con dos puentes de acceso, pues el río Rihue había sido desviado de su curso, aislando la casa con una profunda laguna a su alrededor. Vivió como en los tiempos medievales, pero a la chilena, organiza su propio cuerpo armado constituido por bandoleros a sueldo; se batió a duelo; participó en secuestros; maltrató a indígenas; marcó a fuego a sus inquilinos; se apoderó de terrenos como las vegas que pertenecían a la sucesión

Saavedra; actuó en política, obteniendo resultados favorables a sus candidatos mediante el cohecho o el terror. Comprueban esta conducta el hecho de que en un solo año, Smitmans, llegó a tener en su contra 22 procesos en el juzgado de Angol: "8 se referían a denuncias sobre asuntos electorales o municipales, 5 sobre vejámenes y atropellos, 3 de violación de domicilio, 1 de incendio de sementeras, 2 sobre abigeato86, y el resto por crueldades contra indígenas, y usurpaciones"87. Procesos iniciados por personas como Juan Espinoza y Daniel Garrido que denunciaban haber sido castigados mediante azote, o denuncias como las del cacique Francisco Pahuel, que pedía protección a la sociedad Pro Raza Araucana contra usurpaciones de tierras y ganados que les arrebató Smitmans. Un hecho del cual podemos inferir intervención electoral es el resultado obtenido, en Los Sauces, por los candidatos a la presidencia: Gustavo Ross obtuvo 1244 votos y, Pedro Aguirre Cerda cero voto.

La primera forma de comunicación escrita que encontramos en la Frontera es el aviso pegado en las calles, en las puertas de las casas o en las entradas de los edificios públicos, mediante el sistema de carteles informativos que denunciaban robos, usurpaciones o que ofrecían una recompensa por un bandolero. Cuando se fundan los primeros periódicos de la Frontera, pasaron estos a ser las voces de alarma, los denunciadores de errores, atropellos e injusticias. Periódicos, que los primeros periodistas de estas tierras, casi clandestinos, publican en pequeñas imprentas, como lo fuera don Orlando Masson en Temuco y quien impulsaba campañas contra los abusos de los poderosos de la zona. Símbolo de la Frontera llegó a ser El Colono, periódico fundado en Angol el 13 de diciembre de 1885 y en el que se registra cuanto suceso militar, político, comercial, de caudillismo o clerical se producía. Por esos mismos años aparece El Vergara, en Nacimiento y, El

Malleco, también en Angol. El Eco del Sur, prometió "combatir con franqueza e hidalguía y sin ambages ni rodeos ideas políticas o religiosas"88. José Santos Sepúlveda, fundó El Cautín (abril, 1887) editado en Temuco.

Esta labor de denuncia de los incidentes y violencias, provoca una reacción de los prohombres de la Frontera, quienes arrasan imprentas como la de La Igualdad de Temuco en 1882 o, las palizas que propinan a los periodistas, incluso, llegando al asesinato de uno de ellos. Francisco de Paula Rivas, director de La Voz de Temuco, fue acribillado a balazos en una emboscada cerca de Ranquilco en 1889. Con la llegada del S.XX, las imprentas se modernizan, se reciben despachos cablegráficos, salen a circulación a primera hora de la mañana. En medio de esta innovación, se funda en Temuco (1916) El Diario Austral, el que al poco tiempo, se transforma en el medio de comunicación impreso que hegemoniza la opinión escrita y, que se transforma en vocero de los dueños de fundos, caudillos y de la construcción de identidad en torno a los conceptos de nación, patria, propiedad privada y otros, los que emergerán con claridad al describir y analizar en reportajes o editoriales los sucesos de Ranquil. Este diario, escapa al desarrollo que habían tenido los periódicos anteriores, pues, estos seguían la huella que dejó Pedro Ruiz Aldea, fundador de El Guía de Arauco (1864) y unos años más tarde El Meteoro. Periodista que inicio en la Frontera, la protesta escrita contra el abuso y la injusticia, que denunció al comerciante "pícaro que roba en la medida o en el precio de los géneros, al agricultor, un usurero que ha hecho su negocio comprando en yerba y oprimiendo al pobre..."89

Otro elemento que le da características propias a la Frontera, es el bandolerismo, y las formas de respuestas para su eliminación. Las bandas organizadas por hombres como Belarmino

Mendoza, recorrían los caminos a caballo asaltando los fundos y pueblos como Angol, Lolenco o Collipulli. Nada estaba fuera de su alcance, ya sea el tren en movimiento o las estaciones de ferrocarril. Junto a estos bandoleros debemos considerar también la "indiada aún rebelde" que realizaba acciones de este tipo, pero, fundamentalmente para su alimentación, por lo que sus objetivos se reducen al ganado y graneros de las haciendas. Desde el inicio aparece la respuesta contra el bandolerismo, primero con la capacidad de cada cual a ejercer una defensa propia o hacerse justicia por sí solo. En esta, poca de desconcierto e inseguridades personales, aparece Pedro Hernán Trizano (chileno de origen italiano que había peleado en la Guerra del Pacífico) organizando policías rurales y gendarmes. En 1896, organizó el "Cuerpo de Gendarmes de las Colonias", cuyo objetivo era "velar por la vida y la hacienda de los primeros colonos" que habían llegado a Temuco. El capitán Trizano murió a la edad de 76 años (diciembre de 1926) y en su funeral el periodista Orlando Masson dijo que sus condecoraciones eran las "heridas a bala y a cuchillo de los mismos que persiguió para asegurar la paz y la hacienda ajena". Este bandidaje que Trizano combatió con tanto ahínco, se originó fundamentalmente con los antiguos soldados de la Guerra del Pacífico y que habían pertenecido a regimientos formados con reos de las prisiones, los que una vez terminada la guerra del 79 debían regresar a las cárceles a cumplir sus condenas. Muchos de ellos no lo hicieron huyendo armados a los bosques del sur donde se organizaron en bandas casi militares. Este origen del bandolerismo lo contó el capitán Trizano a un periodista de Santiago poco antes de su muerte90.

La Frontera como zona de características propias, cobija también el inicio del "despertar social" del campesinado chileno, pero con la particular integración de elementos socio-políticosculturales de la región, arraigados a ella por una historia común, cuyas raíces están en la irrupción del pueblo mapuche; en el encuentro violento de españoles y araucanos; en la Guerra de Arauco; en la Guerra a Muerte; en la colonización y ocupación de la Araucanía; en la integración del pueblo mapuche a la nación chilena, desde el punto de vista del chileno y la construcción del Estado Nacional. "Despertar social" de los campesinos que en el valle de Lonquimay, en los fundos de Ranquil y Nitrito, encontró sus mártires sociales: trabajadores de la tierra, campesinos hombres de las montañas y, obreros de los lavaderos de oro y el túnel. Las raíces que veían en una pequeña parcela la estabilidad de sus familias.

Capítulo IV: La fragmentada lucha campesina

Hemos podido apreciar que la lucha del indígena en la medida que era integrado a la sociedad chilena y perdía su tierra y su identidad, se hacía cada vez más esporádica y fragmentada. Durante el SXIX como un hecho de envergadura constatamos el levantamiento de 1881, cruelmente sofocado. Con los colonos espontáneos llegados del centro del país y los inquilinos llevados por sus patrones, también sucede algo semejante.

Desde los primeros tipos de trabajadores en el campo chileno hasta los sucesos de Ranquil, el hacendado presentó siempre una resistencia a la organización campesina. Lo podemos apreciar al hacer una síntesis del desarrollo histórico del trabajador agrario, desde las primeras haciendas coloniales hasta 1934. La situación que se produce en el alto Bíobío, por una parte, es producto del desarrollo de las condiciones primitivas.

Los españoles obtenían mano de obra para sus chacras, haciendas y estancias de variadas fuentes. Una de ellas, la constituye unos pocos esclavos y una cantidad mayor de yanaconas que se traían desde el Perú. El aumento de población y por tanto de la demanda de alimentos, obligó a contar con un mayor número de trabajadores.

La encomienda se adoptó con el objeto de lograr el trabajo manual que se requería. Pero, como bien sabemos, su aporte no fue el esperado, pues el número de aborígenes obligados por este sistema era escaso, además que decrecía constantemente. Hubo entonces que recurrir a otras fuentes.

Destruida la organización social aborigen que había a la llegada del español, basada en relaciones de parentesco, originó una cantidad de nativos no adscritos al sistema de encomienda, como también al de nativos libres, los que al no tener tierras para la subsistencia debieron albergarse en las estancias de los invasores, donde encontraron vivienda y trabajo. Su número llegó a ser considerable, a tal punto que se debió legislar a comienzo del S XVII. Estos "indios" residentes en las haciendas debían trabajar 160 días al año, recibiendo un pedazo de tierras para sembrar un almud de maíz, dos de cebada, dos de trigo y unas pocas legumbres. Esta, llegó a ser la norma en el centro del país.

La Guerra de Arauco, originó una cantidad no despreciable de nativos para la venta de esclavos, llegando a convertirse en una práctica común las correrías en territorio mapuche para la captura de prisioneros. Este "esclavo" fue asimilado por la estancia y la hacienda en las mismas condiciones anteriormente indicadas.

Otro medio tendiente al mismo objetivo, fue el de arrendar a los encomenderos el trabajo de sus indios y, aunque esto estaba prohibido por célula real, fue frecuente los casos como el de doña Marina Ortiz de Gaete, en cuyo testamento se refiere a varios grupos de indígenas encomendados que habían sido dados en arriendo a personas que debían pagar "cien pesos de buen oro más cien fanegas de trigo, 50 de maíz y 20 de corderos al año"91. Este tipo de trabajador agrícola no está adscrito a la hacienda ni al régimen de añadido de tierras. A mediados del S XVIII se había producido una evolución tal de la encomienda que distaba mucho de sus orígenes, pues, eran ya, "un grupo de infelices indígenas que agregados generalmente a las casas y establecimientos que forman la hacienda del encomendero, trabajan todo el año en todo lo que contribuya a la comodidad y provecho de aquellos quienes llaman sus señores"92. Esta evolución hace innecesaria su existencia, por lo que en las células reales del 12 de Julio de 1720 y del 31 de agosto de 1721, se decreta la abolición de la encomienda, la que no se modifica en la práctica hasta 50 años después.

Esclavos y yanaconas, indios encomendados, prisioneros aborígenes vendidos como esclavos, encomendados trasladados de lugar, terminan por estar adscritos a la hacienda y empezaron a llamarse inquilinos. Nacía así, en el campo, dos clases sociales; una con la "herencia política, social y económica de los nativos, la otra con los caracteres españoles; ambos vivan juntos en la hacienda, institución típicamente chilena, bajo un sistema que no había creado ningún decreto real, sino que habían surgido de las peculiares condiciones del ambiente"93. La independencia no provocó cambios en el campo, y aunque la diferencia entre nativos y españoles se eliminó en 1819, en que todos eran reconocidos como chilenos con igualdad de derechos políticos, no se modificó la estructura social. La aristocracia de la tierra conserva el control manteniendo las relaciones coloniales entre inquilino y hacendado, a pesar del crecimiento y desarrollo del país en su vida republicana.

Al inquilino adscrito a la tierra, se agrega un tipo de trabajador del campo nuevo: el trabajador libre o afuerino, que llega desde la ciudad, aldeas e incluso de centros mineros, cuando la época de siembra o cosecha les permite mejorar sus ingresos. Su número fue escaso y no transformó el sistema imperante en el campo desde la colonia. El valle de Lonquimay no está ajeno a este tipo de trabajador agrícola aunque es de menor proporción que en el valle central por el aislamiento geográfico de la zona. Debemos considerar también al colono que llegó desde inicios de siglo en forma espontánea y, a aquel que se empobreció y debió asimilarse a una de las haciendas del lugar o, limitarse a ocupar terrenos de mala calidad y cada vez más reducidos.

La vida del inquilino, ahora declarado con igualdad de derechos políticos y reconocidos como chileno, no puede ganar otro salario que no sea el que le paga la hacienda; no puede trabajar para otros en su tiempo libre, al igual que su familia y, tampoco puede vender o comprar, dentro o fuera de la propiedad. Aunque es libre de gastar su dinero donde quiera, en los hechos, no puede hacerlo, pues, las haciendas son tan grandes y la no existencia de centros poblados próximos, los obliga a recurrir a la pulpería. Ahí adquiere los alimentos y vestuarios, el tabaco y el alcohol. La pulpería le otorgaba los créditos o, reciba los vales y fichas con que su trabajo era cancelado. La hacienda de Quivolgo emitía fichas de 20 centavos que sólo recibía su pulpera.

La independencia económica no le era posible lograrla y la adquisición de una pequeña parcela que concretara su anhelo de ser propietario formaba parte de un sueño.

A fines del siglo pasado e inicios del presente, aparece un fuerte movimiento tendiente a la organización sindical. Las primeras huelgas organizadas aparecen como un paso del despertar del proletariado.

Aunque tardamente en el campo también se hacen algunos intentos, tal es el caso de la Federación de inquilinos que se intenta organizar en 1919, en Catemu, Valle de Aconcagua y a cuyos adherentes se les prometía un reparto de tierras94. En 1920 los campesinos de Colcura fundan un Consejo Federal que elevó un pliego de peticiones a los administradores de las haciendas. Un año después se producen varias huelgas: Chocolán, Copeta, Huachar Alto y en el fundo Lo Carvallo. Las medidas contra estas manifestaciones que imponen los terratenientes, son violentas, haciendo más esporádica la organización y la lucha sindical en el campo.

En 1921, la FOCH organizó en Santiago una convención de campesinos de provincia con 24 representantes de 11 consejos federados que formularon reivindicaciones por la jornada de 8 horas, salario mínimo, derecho a sindicalizarse. De aquí en adelante aparecen consejos federados en Milipilla, Mayerauco, Peñaflor y Aculeo. Entre 1922 y 1924 se produce un importante avance, Recabarren estima que en 1923 habría en Chile cerca de 20 sindicatos campesinos incipientes y dirigidos por comunistas y, en 1924, la FOCH estima que existen unos 140.000 sindicalizados. Se tenía organización en el valle del Choapa con 10 sindicatos y unos 5.000 afiliados y en 1927, en Punta Arenas, se constituyó el Sindicato Profesional de la Industria Ganadera y Frigorífica de Magallanes, reuniendo a los trabajadores de las estancias y de la ciudad. Entre 1911 y 1925, las huelgas en el campo llegaron a 21. Sin embargo, la permanencia de estas organizaciones campesinas era efímera, pues los sindicatos eran considerados ilícitos y se enfrentaban a la capacidad política latifundista que vetaba cualquier esfuerzo para reconocer la sindicalización. Además, estaba siempre la represión como el último recurso. Junto al veto de los terratenientes a la organización sindical, estaba la propia estructura social que condicionaba a los campesinos a la pasividad. Luego, está el sometimiento a la autoridad del patrón, producto de factores como: vida aislada en los fundos alejados de centros urbanos; las relaciones de dependencia que se conservaban desde la colonia; las condiciones de trabajo propias del inquilinaje y el bajo nivel cultural.

La Sociedad Nacional de Agricultura, en mayo de 1921, envió al Presidente Arturo Alessandri una carta, cuyo texto es un documento importante en que se fija la posesión de esta sociedad frente a la sindicalización campesina:

"A esta difícil situación en que la agricultura se encuentra ha venido a agregarse la propaganda que se está haciendo en los campos, sin conciencia que, tomando el

nombre de V.E. tratan de conseguir que se fueren los inquilinos y obreros agrícolas, prometiéndoles la abolición de la propiedad, el reparto de las tierras y la instalación del régimen del Soviet.

La conveniencia del proletariado agrícola y del país, exigen que los que explotan y labran la tierra produciendo los artículos alimenticios necesarios para la vida, no se federen en causa solidaria con los obreros de industrias fabriles o mineras o de las empresas de transporte u obreros de las ciudades, porque esto equivale a amenazar la subsistencia de las poblaciones y preparar el hambre para las familias y las personas desvalidas.

Las necesidades del proletariado agrícola no son las mismas del proletariado de las ciudades porque es distinto su género de vida, sus necesidades y su grado de cultura. No hay ninguna razón ni conveniencia para que el trabajador de los campos, se una y haga causa común con los obreros de los pueblos. Una huelga o un paro de los obreros o empleados de las ciudades, de las minas, de las salitreras, de los ferrocarriles, etc., pueden hacerse extensiva a los que están labrando en el campo las tierras, afectando las siembras, regando o recolectando cosechas. Por muy justificada que fuera la huelga y el paro ordenado por un Consejo Federal del proletariado de las fábricas o industrias, como la necesidad y el derecho de vivir y comer prima sobre todos los demás derechos, no es posible que todo el país tenga que experimentar por esta causa la escasez y carestía de los artículos alimenticios y que los hacendados, los inquilinos, los arrendatarios y medieros de chacras pierdan sus cosechas y el fruto del trabajo de todo un año. En la agricultura hay un tiempo oportuno para cada labor y, si ese momento no se aprovecha, el trabajo de hacer producir el suelo se hace imposible.

Este malestar artificial que se trata de crear o de imponer al inquilino está produciendo el desaliento entre los agricultores que no pueden emprender negocios de la magnitud de antes por temor de verse privados en la ,poca oportuna de la cooperación necesaria para darles término. Vendrá, como consecuencia una disminución en la extensión de las siembras, y en la producción de artículos alimenticios y, careciéndose de los sobrantes y aun de los suficiente para la necesidad del consumo, deber recurrirse a adquirir el trigo y otros productos en los mercados extranjeros, con el consiguiente encarecimiento de la vida y en perjuicio directo de los consumidores" (remítase a nota 93)

El Presidente Alessandri responde en sus puntos más importantes lo siguiente:

"Habrá, de impulsar además la dictación de las leyes sociales que establezcan en forma más equitativa e igualitarias las relaciones entre el capital y el trabajo y aseguren el bienestar del trabajador, su mayor cultura, su moralidad y la satisfacción de los goces; para lo cual se necesita que los poderes públicos y los hombres dirigentes en general presten el concurso indispensable para resolver estos problemas, sin lo cual no haremos sino ahondar el malestar de hoya, y habrá, ante todo y sobre todo de mantener el orden y la seguridad de la vida y de los bienes en la ciudad y en los campos; porque el respeto a la propiedad y el derecho al trabajo son fundamentos de la prosperidad de las naciones.

Condeno de la manera más enérgica la obra de los agitadores y perturbadores del orden y del trabajo y los considero enemigos del Pueblo y del progreso de la República. Son sembradores de odios que entorpecen la campaña de concordia, de armonía y de amor que vengo predicando para cimentar sobre estas bases la grandeza del país. Invito a todos los hombres de bien que necesitan del trabajo y desean la tranquilidad de sus hogares a que se unan en una acción de propaganda y de solidaridad social en contra de los agitadores que a veces son elementos indeseables arrojados de otros países y a veces hombres sin conciencia que explotan la buena fe del Pueblo.

Los trabajadores por su parte tienen deberes que cumplir, y espero que ellos cooperar n para sacar el país de la aguda crisis que los agobia y poder hacer la grandeza de la patria chilena. A los trabajadores del campo les digo:

1. *No es recomendable que se federen bajo unas mismas reglas y dirección con los obreros de las ciudades.*
   Las condiciones de unos y otros son diversas y diversas son sus necesidades e intereses, y la Federación debe proponerse la protección del trabajador dentro del trabajo a que se dedica;
2. *Deben los trabajadores ante todo empeñarse por mantener el trabajo en los campos y asegurar las cosechas, porque, si las cosechas se pierden por huelgas o falta de trabajo, sufre todo el país y especialmente las familias pobres y desvalidas. El hombre que labra la tierra y*

esparce la semilla está alimentando a la nación entera;

3. *La huelga es un recurso excepcional y en cierto sentido local de una industria o trabajo, de que el trabajador no debe hacer uso sino cuando vea agotados todos los medios de conciliación y no se le haga justicia; y en estos casos es un deber de la autoridad intervenir para conciliar los intereses y restablecer la normalidad del trabajo en beneficio de patrones y obreros;*

4. *Todas las medidas de violencia de parte de patrones y obreros, toda imposición de unos y otros, son condenables, como es impedir que trabajen los que quieran hacerlo, porque el derecho de trabajar es tan sagrado y más útil que el derecho a la huelga. Es condenable toda propaganda que lleve a la violencia y al trastorno, que hable del reparto de las tierras o de la revolución social, porque esto es atacar la prosperidad de la Patria y su vida constitucional;*

5. *El obrero debe penetrarse de que el trabajo es una función social que interesa a la colectividad entera, y de ahí nace que sea respetable y digno de la protección de los poderes públicos.*

6. *Para que el trabajo sea fecundo y para que el trabajador obtenga todos los beneficios que le corresponden, es menester que haya confianza, porque sin ella, los capitales se retraen, el trabajo se aminora y el empobrecimiento se produce y para esto los obreros no sólo deben*

cumplir sus obligaciones sino acercarse a los patrones para que ellos los protejan y atiendan;

7.	*Mientras se promulga el Código del Trabajo, que acaba de someter a la consideración del Congreso, donde espero que encontrar pronto y fácil despacho, recomiendo a los trabajadores radicados en los campos que hagan por escrito su contrato de trabajo estableciendo en ,l las condiciones que deben ser religiosamente cumplidas por patrones y obreros. Basta para esto establecer el tiempo que deba trabajarse, el trabajo que debe hacerse, el salario que se paga y las garantías de que goza el trabajador cuando es inquilino. Esta práctica servir para facilitar la próxima implantación del Código del Trabajo"95.*

Un importante aporte para el desarrollo del sindicalismo en el campo pareciera haber sido la incorporación al trabajo del campo, de obreros salitreros. Ramírez Necochea en "Origen y Formación del Partido comunista de Chile" dice:

"Esos frutos pudieron ser recogidos gracias a la acción de agiles y combativos obreros comunistas, muchos de los cuales debido a la cesantía que los afligió en la pampa salitrera retornaron a las faenas agrícolas para subsistir; esos militantes demostraron ser buenos organizadores y excelentes educadores políticos; venciendo múltiples tropiezos, lograron hacerse comprender por los campesinos y atraer su confianza; muchos de ,estos se sacudieron de la

Con la República Socialista de los 13 días, aparece una nueva oleada de organización campesina, en los marcos legales establecidos por el código del trabajo. Sindicalización que se hace especialmente entre trabajadores de viñas: sindicato Industrial Viña Casablanca; Sindicato Industrial de Lontue; Sindicato Industrial Viña San Pedro, en Molina; Sindicato Profesional de Chacareros de San Bernardo, entre otros.

A esta organización sindical, la Sociedad Nacional de Agricultura reacciona, señalando que el Código del Trabajo, no explicitaba el derecho de los trabajadores agrícolas a organizarse en sindicatos presentando una carta al Ministerio del Trabajo el 7 de junio de 1933, en la que argumenta su posición. La controversia resultó favorable a los campesinos. El Consejo de Defensa Fiscal, en su informe del 12 de julio de 1933, reconoció a los campesinos el derecho a sindicalizarse. Pero, esto no significa que de hecho se haya reconocido a los campesinos el derecho de asociación, por ejemplo, no ha sido posible encontrar el acta de constitución del Sindicato Agrícola de Lonquimay que agrupaba a los colonos y campesinos del valle en alto Bíobío. El no reconocimiento de los sindicatos constituidos los mantenía en la ilegalidad incluso: "Hasta abril de 1967 casi todas sus organizaciones se habían constituido al margen de la ley; el Ministerio del trabajo, por ello, no los registraba..."97. Así, el veto político social de los terratenientes se imponía, imposibilitando la organización campesina y la lucha en defensa de sus intereses.

II PARTE

Bajo las estrellas del sur
Ranquil, despojo y masacre en el Alto Bíobío

Capítulo V: Colonización en el Valle de Lonquimay

A diferencia de lo que sucede en la zona central, en que la propiedad está basada en títulos de dominio que se remontan a la Colonia, en la zona de La Frontera, el problema de la propiedad estaba, aún hacia 1934, bajo la inseguridad de la posesión agrícola. Esto, afectó a toda la zona y, especialmente en el valle de Lonquimay, provocando numerosos litigios y violentas disputas entre los pretendientes a la tierra. Esta situación, favoreció permanentemente a los poseedores de grandes extensiones de tierra, dispuestos siempre al despojo. Con la ley de Propiedad Austral, dictada en 1929 por el Gobierno de Carlos Ibáñez del Campo, con el fin de sanear los títulos de innumerables predios ubicados al sur del Bíobío, permitió, que la concesiones de tierras fiscales, otorgadas por decretos, se transformaran en haciendas particulares que se integraban al sistema de bienes raíces, sin otro trámite que un decreto. Mediante esta ley, es posible, para los hacendados ya establecidos, acrecentar su latifundio. Les bastaba para ello, correr los deslindes para que los terrenos, que los colonos habían hecho productivos, quedaran comprendidos dentro de sus títulos imprecisos y vagos. Una vez, obtenidos el título definitivo, la fuerza pública proceda a desalojar a los colonos de sus tierras. En caso de oponerse, el incidente se convertía "en un simple hecho de policía", como lo digiera el Ministro del Interior. Luis Salas B., en el Congreso, al referirse al problema de Ranquil y en carta aclaratoria al diario:

> *"Aquí se trata únicamente de un hecho delictuoso, cuyas causas precisas habrán de conocerse plenamente más adelante y no es posible hacerle cargos al Gobierno por que defiende la vida y los*

Los primeros asentamientos de blancos en la región de la Frontera fue lento y dificultoso, sin embargo, Pedro de Valdivia distribuyó tierras entre sus hombres y, antes de su muerte, en 1553, logró fundar ciudades como Valdivia, Imperial, Villarrica, Angol y Arauco, y al poco tiempo, Osorno, Cañete y Castro en la isla de Chiloé, además de una serie de fuertes. Pero, esta ocupación no duró mucho, ya que los araucanos recuperaron territorio en ataques sucesivos especialmente, con el levantamiento de 1600 a 1602. Esto hizo que la población blanca se retirara de la comarca hacia el centro del país. Sólo después de 200 años se logró volver a ocupar la zona y algunas ciudades no fueron reconstruidas hasta otro siglo más tarde, como es el caso de Osorno y Villarrica que son redescubiertas bajo una espesa flora que las cubría. En todo caso, en estos 200 años de guerra, se produjeron algunas filtraciones que en forma gradual permitió ocupar la franja libre de araucanos, que resultaba de la expulsión de indios al sur de la línea fijada por el parlamento de 1641. Sólo a fines de la colonia se hizo un avance real que permitió, en la segunda mitad del siglo XVIII, se fundaran ciudades al sur del Bíobío: Los Ángeles (1742), Nacimiento (1749), Antuco (1756), Santa Bárbara (1748). Durante la Independencia el avance posibilitó crear dos provincias, la de Chiloé, y la de Valdivia en

1826, aunque el área ocupada no incluía, sino, una parte de lo que corresponde al territorio de la Frontera hoy en día.

La guerra de "conquista en miniatura" de la araucanía como la llamara A. Lipchutz y que analizamos en el capítulo segundo, permitió la paulatina ocupación de la zona, con colonos nacionales y luego con la traída de europeos, especialmente alemanes. Ambos tipos de colonos penetraron en la araucanía desde diferentes direcciones. Los colonos extranjeros, que hacían la travesía por mar, desembarcaban en Valdivia y luego, una vez fundado, lo hacían en Puerto Montt. Desde allí, fueron ocupando la pradera y las proximidades del lago Llanquihue. Otros, llegaron directamente al puerto de Talcahuano, internándose en la región. Así, comenzaron a poblar Traiguen, Victoria, Labranza, Lautaro, Nueva Imperial y las cercanías de Temuco. En el caso de los colonos chilenos, estos avanzaron desde el norte, a través del valle central.

Esta inmigración chilena y extranjera, que comenzó formalmente en 1850, dio origen a ciudades como las ya nombradas y la creación de la provincia de Arauco (1852) y Llanquihue (1871).

Como ya hemos señalado anteriormente, después de la Guerra del Pacífico, con la utilización del ejército, se resolvió definitivamente la ocupación de la araucanía, incrementando el número de colonos y las tierras a ser ocupadas por estos. Es así, que en 1875, creada la provincia de Bíobío, se añadió toda la hoya de este río hasta su tributario, el Renaico y, en 1887, finalizada la resistencia araucana se crearon las provincias de Malleco y Cautín, incorporándose toda la zona de La Frontera al dominio nacional. Ello, permitió el establecimiento de la propiedad de la tierra, que sólo en Malleco fue clara, pues, los títulos tenían deslindes precisos, no así, al sur. En todo este proceso de ocupación la población se fue incrementando, por ejemplo, Valdivia aumentó de 8.870 personas en 1835 a, 53.090 en 1875 y, a 133.443 en 1907. El censo de 1930 entrega las siguientes cifras:

Provincia Bíobío	180.688 h
Provincia Cautín	383.791 h
Provincia Valdivia	326.115 h
Provincia Llanquihue	92.528 h
Total	893.122 h

La mayor parte de esta población es originaria del centro del país, que en un comienzo fue ocupando el territorio y ubicándose donde las condiciones de vida les eran m s favorables. Estos primeros ocupantes, verdaderos exploradores de la zona, no eran reconocidos por los gobiernos, incluso hasta desconocían este avance inicial de colonización espontánea. La gran mayoría de estos exploradores colonos, quedaron fuera del proceso formal de instalación de la propiedad, iniciado en el decenio de Montt. Cuando se inició la colonización formal de la región, la adquisición de tierras se hacía por varios métodos: mediante la entrega de terrenos que hacía el gobierno; después de un tiempo, mediante la compra de terrenos en remate público; adquiriendo la tierra de los indios en una transacción que la autoridad aprobaba; adquiriéndola de los primeros exploradores colonos; y por último, ocupando de hecho vastas zonas, en la misma forma que lo hicieron los primeros ocupantes. El gobierno, eso sí, sólo reconocía los dos primeros procedimientos, sin embargo, no pudo evitar que retazos de tierras pasaran en forma irregular a constituir propiedad privada sin que se midieran ni se levantaran planos de gran parte de ellas, con lo que las demarcaciones de la propiedad individual fueron imprecisas, careciendo de deslindes y no conociéndose sus extensiones aproximadas.

A la exploración y colonización inicial realizada por chilenos, se agregó posteriormente la colonización extranjera, especialmente alemana, que en el 1885 serían unos 950 y, en 1930, algo más de nueve mil, según censo de ese año. Para su instalación se consideraron las escasas tierras de las que el Estado disponga efectivamente o, en su efecto, se procedió al lanzamiento de los primeros exploradores y colonos nacionales que habían hecho prosperar las tierras y habían abierto el bosque. Esto aumentó cuando capitales mineros se transfirieron a la adquisición de tierras, produciéndose, hacia 1900, un aumento de las propiedades agrícolas de familias chilenas o descendientes de extranjeros. Hacer un espacio para los que llegaban fue un procedimiento constante. No sólo la situación de Ranquil, en 1934, es elocuente, sino, que también tenemos casos como los de 1925 en los terrenos que se ubican entre Pichi-Roquilli y Paillaco99.

Este constante movimiento de población en forma espontánea y hasta intenso en algunos momentos, más la inmigración extranjera, produjo como resultado el problema de la propiedad austral.

Hacia 1927, en las provincias de la Araucanía había alrededor de 47000 propiedades que abarcaban cerca de veinte millones de hectáreas, con títulos dudosos100. Por ejemplo, en la comuna de Lonquimay, en el Alto Bíobío, en el distrito de Rahu,, en 1930, habían 25 fundos y una hacienda y, en Lolco cuatro fundos en estas condiciones.

Para solucionar esta situación, se creó el Ministerio de la Propiedad Austral101, durante el gobierno de Carlos Ibáñez del Campo. El objetivo era acondicionar o legalizar los títulos, más que recobrar para el fisco las tierras irregularmente obtenidas. Para ello, se reconocía la documentación que fuese posible presentar para probar los derechos legales o, demostrar que se ocupaban los terrenos por más de diez años y se habían introducido mejoras en las propiedades102.

Este ministerio, duró menos de un año siendo suprimido al caer el gobierno de Ibáñez. Su labor la continuó, a la caida de la dictadura y retomada fuertemente pdurante el gobierno de Alessandri a partir de 1932. El Ministerio de Tierras y Colonización, otorga nuevos títulos de dominio, aunque para ello, tuviese que cambiar, vía decretos con Fuerza de Ley (DFL), soluciones dadas en el gobierno anterior tal es el caso de los colonos de Ranquil. Es así, que se realizan correcciones al decreto emitido por el Ministerio de Fomento del Gobierno de Ibañez (3871 del 14 de agosto de 1929) en que se había reconocido derechos legales a la Suceción Puelma Tupper por sobre las 139.362 hectáreas, po el decreto Nª 265 del 27 de marzo de 1930. Por otra parte, con fcha 31 de julio de 1930 se derogó el decreto 3871 y se ordenó la separación de 30.000 hectáreas de las fijadas para Puelma Tupper y, que debía ser pare de una reserva fiscal

Capítulo VI: Sindicato Agrícola de Lonquimay

A los antecedentes de la colonización en el valle de Lonquimay ya entregados, debemos agregar una más cercana a los acontecimientos producidos en Ranquil.
La crisis económica que se producía en el mundo, desde 1928, comenzó afectar a Chile recién a mediados de 1930. En 1931 la crisis se agudizó. El cierre de los mercados de exportación para el salitre y el cobre fue total. Cesantes, quiebras, hambruna, eran un problema de todos los días.

Los trabajadores cesantes comenzaron a deambular por el Territorio y muchos volvieron a sus lugares de origen. Así, algunos llegaron a establecerse en el Alto Bíobío. Por otra parte, algunos años más tarde el Gobierno creó fuentes de trabajo reabriendo los lavaderos de oro de Carahue. Lollen, Cunco y Nevería e inicia la construcción del Túnel de las Raíces.

Tanto los lavaderos de oro como las faenas del túnel presentaban condiciones de trabajo inhumana y con remuneraciones muy bajas. El gobierno compraba a $ 24 el gramo de oro, pero la venta no se producía por el aislamiento que impedía llegar hasta las agencias compradoras, por lo que los obreros se veían obligados a entregárselo a los pulperos por un valor de $ 18 por gr., además que no recibían el dinero, sino que el equivalente en mercaderías cuyos precios eran elevados en comparación con la ciudad. En la obra del túnel llegaron a trabajar unos 1.000 obreros que lo hacían en condiciones lamentables produciéndose numerosos accidentes que la empresa contratista (Larenas Poli, argentinos) no daba cuenta. A pesar que la Caja del Seguro obrero recibía $ 100.000 anual de las imposiciones de los obreros del túnel y $ 60.000 de los imponentes de los lavaderos de oro, no instaló un dispensario capaz de darles asistencia médica en la zona.

Por otra parte, los despedidos continuos, que en el año 1934 se realizaron, de 100 en 100 obreros, por reducción de las faenas, motivo que a inicios de abril se realiza una huelga. El 15 del mismo mes se solución¢ y se obtuvo acuerdo a la casi totalidad del petitorio.

Las malas condiciones de trabajo, la amenaza de cesantía y remuneraciones bajas, motivó el interés por tener un terreno que diera seguridad y estabilidad a sus familias. Un camino para ello, era el que ofrecía el Sindicato Agrícola de Lonquimay(ya en 1930 había logrado una asignación de parcelas). Con esto el Sindicato tuvo un importante contingente de nuevos inscritos.

El Sindicato Agrícola de Lonquimay que ya existía de hecho en 1929, se había formado con el esfuerzo de Juan Segundo Leiva Tapia y la ayuda de un minero de Lota de apellido Alarcón (que viajaba permanentemente entre Lota y Lonquimay, al parecer trabajaba en las minas de carbón en invierno y luego, en el campo durante el verano). Reunieron a los inquilinos y pequeños propietarios (incluso comerciantes como Ackermann) de Ranquil, Lolco, Nitrito y Lonquimay. Fue elegido presidente Leiva Tapia. Otros dirigentes fueron los hermanos Modesto, Segundo y Francisco Acuña. Posteriormente debido a la ilegalidad del Partido Comunista, Leiva Tapia es reemplazado por Manuel Astroza, el que le da al sindicato una orientación distinta provocando una situación de conflicto al interior de la organización. Mientras unos se agrupan en torno al nuevo presidente y a Bruno Ackermann (dueño de una pulpería que veía en el aumento de población un mayor negocio, como lo señala Fahrenkrog en su libro) que favorecían a los topógrafos enviados por el gobierno de Alessandri para realizar la parcelación. Otros, se agruparon en torno a los planteamientos de Leiva Tapia y de dirigentes como José Rosario Sagredo, Darío Cabezas, Segundo Ortiz y José Troncoso.

En cuanto a Alarcón, que había ayudado a organizar el Sindicato, sostiene una posición distinta a las anteriores y que pone en peligro el sindicato. Posiblemente, es de tendencia anarquista, termina finalmente por enfrentarse con Tapia (27 junio 1934) y tienen un "serio disgusto... en que ambos hombres se separaron acordaron obrar independientemente..." (Diario Austral de Temuco 11/6/34).

Sindicato ya operaba en el gobierno de Ibáñez, pues se registran numerosas diligencias que sus dirigentes realizan en la capital ante autoridades tanto del poder Ejecutivo como Legislativo. Harri Fahrenkrog R. señala que Leiva Tapia fue recibido por el presidente de la República para ver el problema de radicación de los colonos y campesinos pobres a fines de 1929.103. El propósito era lograr una mayor superficie para los colonos, la que no fue otorgada por Ibáñez. Esto obligó a que las parcelas fueran mucho más pequeñas para poder darles cabida a todos los asociados en el sindicato.

Otro momento que muestra la actividad política el sindicato Agrícola de Lonquimay, es cuando el 1931 otorga un apoyo al candidato presidencial Montero:

> *"El Sindicato Agrícola de Lonquimay recomienda la candidatura Montero en Carta Circular, que al respecto dirige el Secretario General de esta organización a sus asociados. Causas en que fundamenta su posición en favor del señor Montero"* (El Mercurio 4/10/1931).

Al fundamentar la petición de este acuerdo, señala Leiva Tapia:

> "Pues bien, compañeros, antes que nuestros ideales meramente teóricos, están nuestros intereses regionales e institucionales; esta la vida de nuestra naciente colonia del Alto Bíobío; esta nuestra organización sindical agraria, todo esto que hoy por hoy es nuestro ideal prendido en la realidad. Para seguir adelante con nuestra obra necesitamos paz, tranquilidad, justicia venga de donde venga" (El mercurio 4/10/1934).

Por otra parte, este sindicato presenta pliegos de peticiones entre los que se encuentra el enviado al Congreso. El Diario La Opinión de fecha 2/7/34 señala: "... y vino a Santiago (se refiere a Leiva Tapia) para proponer al gobierno el establecimiento de escuelas adaptadas a los particularidades de la zona. En esa oportunidad recibió los aplausos de más de algunos de esos órganos de la llamada prensa seria". Lo importante, como señalaremos más adelante, es que el sindicato no condujo hacia una revuelta o sublevación de los colonos y campesinos, por el contrario, condujo en la búsqueda de una solución que se acercaba más a la lucha reivindicativa legal que al enfrentamiento. El diputado por Victoria, Arturo Huenchullan, en el folleto sobre "Los sucesos del alto Bíobío, que publicó, para realizar descargos ante las acusaciones de ser "causante de los hechos", es claro en señalar como los colonos ofrecían fórmulas de arreglo para conservar las tierras:

"El Diputado que habla y el Senador don Artemio Gutiérrez acompañamos a estos delegados a fin de plantearle la situación al Gobierno para que , la solucionara.

Y en que, forma, Honorable Cámara, querían los colonos que se solucionara esta situación. En la forma más honrada que puedan imaginarse los honorables Diputados. Reconocían los colonos que no eran dueños de los terrenos que, según los títulos, pertenecían a los señores Bunster y Gómez; pero alegaban con mucho tino, con mucha razón, que ya que ellos habían vivido allí por espacio de diez, doce o catorce años, ya que habían hecho casas, labrado la tierra que estaba toda deslindada por cercos, pedían que no se les lanzara, pues ellos les pagarían a los dueños su valor, si es que la Caja de Colonización Agrícola intervenía con los señores Bunster y Gómez, para que se les vendiera pagaderos en un plazo de treinta años" (Folleto indicado)

El propio pliego de peticiones presentado por el Sindicato Agrícola de Lonquimay, al Senado, (se reproduce en el capítulo VII) es también un elemento en favor del argumento que los colonos estaban por una lucha reivindicativa legal.

Se acusa al Partido Comunista de Chile de impulsar la insurrección en el campo y la ciudad. En cuanto a esto, debemos señalar que hacia 1933 había una incapacidad material para cumplir con objetivos de esta naturaleza. El Boletín del Comité, Central del P.C. de Chile, Nº 4 de febrero de 1933, al referirse a las desviaciones de izquierda, en el punto b) indica: "Subestimación del trabajo en el campo. No se comprende todavía el rol revolucionario que juega el campesinado, y la necesidad de que este llegue a ser aliado del proletariado, bajo la dirección de este £último y de su partido"104. En las resoluciones que aparecen en el mismo documento se dice: "la producción agraria es en la actualidad inmensamente superior a la producción industrial. Hay en Chile 160.000 obreros agrícolas, masa enorme por cuya captación nada se ha hecho hasta el momento. Nadie puede negar lo importante que es la conquista de los trabajadores del campo, como un medio seguro, el más eficaz para ganarnos al campesinado y estrechar con el nuestra alianza"105.

Más adelante se fijan tareas mínimas a cumplir: "Para la organización de los obreros agrícolas fijamos los siguientes objetivos: Linares, un sindicato de obreros agrícolas con 150 afiliados; Temuco, un sindicato de obreros agrícolas con 150 afiliados; Talca, un Sindicato de obreros agrícolas con 150 afiliados"106 Cuando el Partido Comunista, en 1933, se daba la tarea de organizar Sindicatos agrícolas en Temuco, Talca y Linares, en el valle de Lonquimay ya existía uno que impulsaba la lucha reivindicativa de los colonos pobres.

Entonces, el atraso por organizar y ser capaz de concretar la lucha revolucionaria, como se acusa en la prensa, era evidente. Materialmente era incapaz, aunque el discurso revolucionario de la época dijera lo contrario. Que Juan Leiva Tapia, en el congreso de la FOCH, celebrado en Junio de 1934 dijera: "-Vengo aquí a sellar definitivamente la alianza obrera y campesina"107, lo que no significa que su voluntad fuera reflejo de la realidad.

Si algunos eran comunistas, otros no lo eran y lo niegan públicamente, por ejemplo, Camilo Valeria Rodríguez en carta publicada por el Diario Austral dice: "No tengo ninguna ideología política, ni menos avanzada..."108, además niega haber participado en los sucesos de Lonquimay por lo que el Ministro en

Visita lo deja libre. También están los que participando en el movimiento, declaran al ser detenidos, que fueron obligados a "sublevarse" por los Sagredos, bajo amenaza de muerte, tal es el caso de Adolfo Sánchez (empleado pulpero de Adolfo Rubilar en el lavadero de oro de Lanquen) y Herminio Orrego que sin ser profesor enseñaba las primeras letras (Diario Austral 7/7/34). El Sindicato nos muestra una composición social heterogénea expresada en indígenas, inquilinos, colonos pobres no reconocidos como tales para la asignación de tierras, algunos obreros del túnel de las raíces y de los lavaderos de oro. Por otra parte, hay colonos reconocidos para la asignación de tierras, comerciantes de pulperías y empleados de éstas, pretendientes a tierras. Desde un punto de vista político se aprecian tres tendencias: la de Leiva Tapia que busca solución para todos los inscritos en el Sindicato y en los marcos de una lucha política reivindicativa; la de Bruno Ackermann que agrupa a los colonos reconocidos como tales, a los comerciantes y empleados de pulperías, los que aceptan la parcelación que realizaba el gobierno y que llegaba a 50 parcelas. Una tercera posición solo es posible inferirla, y que estaría representada por el minero Alarcón, además no se advierten sindicados agrupados en torno a él y, que y desde un punto de vista político pareciera ser anarquista. A estos elementos internos y potenciales de disgregación, se agregan otros de carácter externo, como el de la represión que sufre este sindicato durante los sucesos de Ranquil, deteniendo a sus dirigentes y afiliados y disgregando la población en la región. Con esto, los terratenientes, una vez más se imponen por la fuerza.

En la búsqueda de los orígenes de los sucesos de Ranquil se llega al año 1881, fecha en que Chile y Argentina fijan el límite que permitió incorporar al territorio nacional el valle de Lonquimay. Esto se debió a que dicho valle se encuentra al este de la línea que une las altas cumbres, pero al oeste de la línea divisoria de las aguas.

Cuando se realizan estas negociaciones y se llega al advenimiento chileno-argentino de 1881, era Ministro de Guerra don Francisco Puelma Tupper, el que poseía una propiedad denominada San Ignacio de Pemehue, ubicada en el nacimiento del río Renaico y cuyo deslinde oriental colindaba con la República Argentina. Esto, lleva a Francisco Puelma Tupper hacer valer sus títulos de dominio, reclamando como suyo el territorio que pasó a ser chileno y el que ocupa como propio.

Por otra parte, debemos considerar que Chile y Argentina habían llegado a un convenio de repatriar a los ciudadanos de ambos países si así lo deseaban. Para ello el Gobierno chileno notificó al señor Puelma Tupper que debía entregar los terrenos ocupados para radicar allí a los compatriotas que habían quedado en territorio argentino, como también a los antiguos colonos y pobladores del valle.

Para recibir a los aproximadamente treinta mil chilenos[109] que vivían en Neuquén y que poseían unas ciento sesenta mil cabezas de ganado[110] y, para los pobladores del valle, se consideraron tierras aptas para este fin, las que se encontraban al sur de los fundos Rahue y Chilpaco. Los terrenos al norte de estos fundos se arrendaron a Puelma Tupper por treinta años, los que siguió ocupando una vez finalizado este plazo en calidad de propietario. Los terrenos que ocupó se dividieron en cinco hijuelas: Rahue con 28 mil ha; Chilpaco con 18 mil ha.; Ranquil con 37 mil ha.; Lolco con 46 mil ha.; y Vilicura con 60 mil ha. Posteriormente, gran parte de estos terrenos los encontramos como propiedad de la Sucesión Puelma Castillo, pues el Decreto Nº 3871 del 14 de agosto de 1929, del Ministerio de Fomento, les reconocía 139.362 ha., ubicadas en el Alto Bíobío, y se fijaron como deslindes de esta propiedad los indicados en las gestiones de los interesados. Para evacuar el informe que sirvió de fundamento a este decreto, el jefe de la Sección Tierras, dictaminó que los títulos y los deslindes estaban conformes a derecho.

A raíz de este decreto los colonos que ocupaban unas cuatro mil hectáreas de terrenos fiscales, se encontraron repentinamente con la noticia de que estos terrenos habían sido otorgados en propiedad a los herederos de la Sucesión mencionada, la que se había constituido en la reclamante principal, pidiendo que se le indemnizara por los trabajos realizados por ella. Se estudió un arreglo, al que la Sucesión se avenía, pero los sucesos políticos de 1931 imposibilitaron su cumplimiento. Los gobiernos siguientes al de Ibáñez, no fueron capaces de dar una solución al problema, quedando los colonos en una situación imprecisa, sin títulos definitivos. Esto, motivó un clima social inestable entre los colonos, los que realizan presiones y movilizaciones en la zona, a la vez que viajan a Santiago los representantes del Sindicato Agrícola de Lonquimay para buscar una solución. Finalmente, lograron la suspensión del Decreto Nº3871, y obtuvieron la dictación del Decreto Nº 265 del 27 de marzo de 1931, que los favoreció, pues reconocía los terrenos como fiscales, así lo podemos apreciar en los considerando 4º, 5º, 6º que dicen:

CONSIDERANDO 4º:"... los deslindes fijados a estos terrenos de la Suc. Puelma Castillo por las escrituras del año 1881 y 1889 son diferentes a los que le señaló el año 1906 el Inspector General de Colonización, don Agustín Baeza, en representación del Fisco, y don Eleodoro Yáñez, como liquidador de la Sucesión Puelma Castillo, y al mismo tiempo Ministro de Colonización.".

CONSIDERANDO 5º: "...existen antecedentes suficientes para presumir que estos nuevos límites reconocidos por el Gobierno, mientras el señor Yáñez era Ministro de Colonización y Liquidador de la Sociedad Puelma Tupper y Cía., comprenden terrenos reconocidos como fiscales por Francisco Puelma Castillo, quien los había tomado en arriendo por el plazo de seis años, según escritura pública del 31 de diciembre de 1889, teniéndolos en ese carácter hasta el 1 de marzo de 1896, y siguiendo después en su tenencia sin ningún título, no obstante de que el decreto Nº 402 del 27 de marzo de 1896, orden a la Inspección de Colonización tomar posesión de ellos a nombre del Fisco".

CONSIDERANDO 6º: "... el Consejo de Defensa Fiscal, en su dictamen de 10 de julio de 1929, declaraba que podían reconocerse como válidos los títulos a que se refiere el citado decreto Nº 3871, previa comprobación de que los deslindes actuales de los predios por los cuales se ha solicitado reconocimiento se encontraban comprendidos dentro de los escritos de la inscripción primitiva, circunstancias estas que no se comprobaron en el terreno antes de otorgar el reconocimiento de los títulos de la Sucesión Puelma Castillo"111.

El mismo decreto Nº 265, nombro una comisión compuesta por el jefe del Departamento de Mensura de Tierras, señor Ernesto Maldonado y del Abogado 1º del Departamento Jurídico, señor Luis Morales Zuasnábar, para que asesorado por personal de agrimensores necesarios, estudiara en el terreno mismo la determinación precisa de los límites originarios de los terrenos de que era propietaria la Sucesión de don Francisco Puelma Castillo. Esta comisión, estudiaría, además, la formación y ubicación de un pueblo en el Alto Bíobío, pueblo que se fundó más tarde con el nombre de "23 de Enero" y cuya acta de fundación posteriormente habría sido robada.

Esta comisión se trasladó al terreno para cumplir con el mandato del decreto citado y, al cabo de dos meses presentó un informe que sirvió de base para un nuevo decreto, el Nº 1730, del 31 de julio de 1931. El considerando cuarto de este decreto expresa que los informantes antes nombrados pudieron "constatar en el terreno en forma incontrovertible tomando como base los planos de la época y la documentación de ese entonces, que los deslindes actuales de las hijuelas que comprenden la Sucesión Puelma Castillo, no quedan comprendidos dentro de los deslindes de los títulos originarios, sino fuera de ellos". En el considerando quinto se expresa "que la escritura de la declaración, de 9 de diciembre de 1901, ya mencionada, en que se alteraron los deslindes primitivos, privando al Fisco de enormes extensiones de suelos, no puede comprometer los intereses de este, pues, para poder ceder gratuitamente los bienes públicos, como son losterrenos materia de este decreto, se necesitaría de una ley especial que autorizara tal liberalidad, ley que no existía a la fecha en que se suscribió la escritura correspondiente".

Sin embargo, habiéndose comprobado con toda la documentación a que alude el decreto, que los herederos del señor Puelma Castillo no tenían derecho a esa enorme extensión de tierra, el considerando Nº 11 advertía: "no obstante la deficiencia de los títulos de cuyo reconocimiento se trata, puede tener aplicación el Art. 26 de la Ley de propiedad Austral, que dispone que el Presidente de la República podría reconocer como válido títulos de propiedad adquiridos como cuerpo cierto o como acciones y derechos que no se encuentren comprendidos entre los indicados en el Art. 7 y en el Art. 25, siempre que a su juicio, situaciones especiales así lo justifiquen y se compruebe la posesión material de 10 años anteriores a la fecha del reconocimiento por el Presidente de la República". Este último considerando es el que deja la posibilidad de fallar en favor de los hacendados para, luego, proceder al desalojo. Con estos antecedentes, el decreto Nº 1730, del Ministerio de Tierras y Colonización deroga el decreto Nº 3871, y dispuso que de las 139.362 ha. reconocidas como propiedad de los señores Puelma, se exceptuaran treinta mil hectáreas para radicar definitivamente en sus posesiones a los colonos y dejar una reserva fiscal como excedente.

A la vez, por otro decreto, el Nº 2243 de 26 de agosto de 1930, se había otorgado reconocimiento de validez de los títulos del fundo Guayalí, por un total de 22860 ha. de las cuales se dedujeron 4000 ha. para solucionar el problema de tierras y radicar allí a los pobladores que el gobierno estimara con derechos.

En ambos casos, después de 6 meses que concedía la Ley de Propiedad Austral para los reclamos pertinentes y, como nadie los presentó, podía creerse que las partes estaban satisfechas con la disposición que mandaba tener por dueño a la Sucesión Puelma Castillo de 109.362 ha. que según ese decreto, lejos de pertenecer por derecho, habían sido consideradas por causante como fiscales por escritura pública de arrendamiento.

Después de dictados estos decretos se dio comienzo a la radicación de los ocupantes, labor que cesó con motivo de los acontecimientos políticos del 26 de julio de 1930. En 1931, la radicación de los colonos está en la práctica congelada, por lo que una vez más los colonos del Alto Bíobío y de otros sectores del valle de Nitrito, intensificaron sus gestiones ante el Gobierno, a fin de conseguir que se hiciera la radicación total en los terrenos asignados. A parte de numerosos memoriales que los colonos hacían llegar a algunos parlamentarios, viajaron a Santiago en varias oportunidades delegaciones del Sindicato Agrícola de Lonquimay, pero en ninguno de sus esfuerzos alcanzó éxito, por el contrario, periódicamente pequeños grupos de ocupantes de tierras eran lanzados de ellas, y eran motivo de "implacables persecuciones", como consta en los cargos que hizo al gobierno de la ,poca, el senador Artemio Gutierrez y Concha en sesión del 11 de febrero de 1932. Por su parte, los colonos representados en el Sindicato Agrícola de Lonquimay, presentaron un pliego de peticiones que fue leído en la misma sesión del Senado y, en el que solicitaban:

> *"Que no se innovara respecto de la ocupación de terrenos declarados fiscales y que detentaban las sucesiones Puelma (fundo Ranquil) y Bunster (fundo Guayalí), ambos ubicados en el valle de Nitrito, y que se hicieran la demarcación y parcelación definitiva; cumplimiento del decreto-Ley Nº 258 de 20 de mayo de 1931 que autoriza la expropiación del fundo Guayalí, parcelándose entre los vivientes de la región; que se investigue el desaparecimiento del acta de*

fundación del pueblo "23 de Enero", acto realizado para desconocer la entrega de los terrenos fiscales; y que se suspenda la persecución y lanzamiento de colonos"112

El advenimiento de Alessandri, favoreció a los hacendados para reiniciar gestiones que les permitieran derogar los decretos firmados por Ibáñez, es así, que logran que el Ministerio de Tierras y Colonización, requiera un informe del Honorable Consejo de Defensa Fiscal, por dos veces consecutiva, el cual en su segundo dictamen de 5 de junio de 1933, da el visto bueno para restituir el DFL Nº 3871 del 14 de agosto de 1929. El informe dice lo siguiente:

"AL SEÑOR MINISTRO DE TIERRAS Y COLONIZACION
Señor Ministro: Vuestro Departamento, por providencia de 23 de Mayo último, pregunta a este Consejo: "Si procede o no derogar los decretos supremos números 265, de 27 de Marzo de 1930; número 1730, de 31 de julio del mismo año; y número 1093, de 13 de Marzo de 1931 del ex- Ministerio de la Propiedad Austral, y, en consecuencia, restablecer en toda su integridad el decreto del Ministerio de Fomento, número 3871, de 14 de Agosto de 1929".
"Consecuente este Consejo con lo que ha dictaminado a vuestro Departamento, con fecha 4 de Mayo último, debe manifestar a US. que la respuesta a la consulta formulada está contenida en ese dictamen; y que, por lo tanto, reiterándolo en todas sus partes, considera que, siendo ilegal las suspensión de efectos del decreto Nº 3871, de 14 de Agosto de 1929, e ilegales, también los actos posteriores a que US. se

Sobre esta base legal se procedió al desalojo masivo y definitivo de los primeros ocupantes de estas tierras, de los colonos pobres, de los trabajadores libres, de los inquilinos llevados por sus patrones y que tambіén tenían derecho a la tierra, de los indios que aún seguían en sus reducciones cada día más pequeñas. En el verano de 1934, llegó al Alto Bíobío una comisión de agrimensores que presidia el señor Arturo Fernández, quien llevaba la misión de trasladar a los colonos sin distinción si estaban o no radicados, de los terrenos fértiles del valle, a los cajones de la cordillera habitables sólo en verano. A las palabras del señor Fernández, los latifundistas supieron unir la acción más persuasiva de los carabineros que terminaron por hacer desalojar las tierras cultivadas por los colonos durante años.

Las 64 familias beneficiarias de las 4.000 hcts. asignadas por el gobierno de Ibañez en agosto de 1930, ya asentadas entre los ríos Chaquivín (norte), Llanquén (sur) y Biobío (oeste), estaban a la espera de la demarcación oficial de los terrenos colonizados. Empero, en noviembre de 1933, por instrucciones del ministerio de Tierras don Arturo Montecinos, los agrimensores del estado encargados de efectuar la delimitación, realizaron la "demarcación de la cabida" de las 4.000 hcts. en un área diferente de la ocupada efectivamente por los colonos. Sorpresivamente, los peritos definieron un perímetro imprevisto, extendido entre el Lanquén, el Biobío y el límite cordillerano con Argentina, dotado de no mas de 600 hcts. explotables según la impugnación inmediata hecha por el sindicato Lonquimay, que demandó la mantención de los finqueros en las buenas parcelas ocupadas por ellos en la hacienda Guayalí y en Nitrito. La insistencia ministerial en reubicarlos en las nuevas posiciones deslindada por el cuerpo de agrimensores, fue esta vez acompañada por la amenaza de "lanzar" los predios reclamados por Bunster a cualquier finquero que resistiera la transferencia a las nuevas posiciones fijadas por el estado. La tarea dejaba de pertenecer a los topógrafos y pasaba a ser de los escuadrones de carabineros. El traslado se convertía así en deportación.

Capítulo VIII: Lanzamientos y resistencia

Una vez resuelto el problema legal sobre la propiedad, con la restitución del decreto Nº 3871 del 14 de agosto de 1929, las sucesiones Puelma Castillo y Bunster, reclamaron la restitución de sus predios, para lo cual debían salir los colonos. Estos fueron lanzados por Carabineros en el mes de abril del año 1934.

El problema del lanzamiento es algo que aparece como negado por parte del Gobierno, sin embargo, en los hechos, hubo lanzamientos de colonos y ordenes de autoridades competentes para realizarlos y, a la fuerza pública para ejecutarlos. Harry Fahrenkrog R., en su libro "La verdad sobre la revuelta de Ranquil" dice, "agotadas tres notificaciones, vino la orden de lanzamiento".

Los diarios, comunican en sus primeras noticias la existencia de desalojo, pero después, por declaraciones del Gobierno, deben rectificar. "Un diario tan ponderado como "El Mercurio", informó a raíz del estallido que se trata de desalojo de colonos, pero posteriormente el Gobierno, por boca de uno de sus voceros más autorizados, declaró que no se ha producido allí ningún despojo de tierras ..."114.

El Diario Austral de Temuco señala, "A pesar de las declaraciones terminantes del Ministerio, el hecho es que los lanzamientos a que se refería el diputado Huenchullán, se efectuaron según comunicaciones recibidas de esa región ..."115.

Esta situación del desalojo había sido prevista por el diputado Huenchullán con fecha 3 de abril, en el telegrama que envió desde Temuco al Presidente de la Republica:

"Presidente República Moneda-Santiago.- Temuco 3 de abril de 1934.-

La orden de lanzamiento de colonos del Alto Bíobío que cumplen 30 carabineros, está causando alarma en toda la región entera.

Los colonos pueden pagar el fundo Guayalí con intervención de la Caja de Colonización. Esta circunstancia indícame a rogarle suspender el lanzamiento y solucionar el conflicto comprando el fundo.

Cincuenta y m s familias quedar n en la calle pública frente al penoso invierno de esa región cordillerana.

Lamento que las peticiones de los dueños de fundos hayan podido tanto.

Es probable que ocurran muertes como en San Gregorio, y tal hecho constituir fuente inagotable para los contrarios a vuestro Gobierno.

Cumpliendo mi deber de diputado de esta región, ruego excusarme por hacer presente lo que V.R. puede derogar en cualquier momento. Respetuosamente.- Diputado Huenchullán"116.

Los propios afectados acusan de la existencia de lanzamientos: "El Sr. Escobar, dijo que algunos delegados de Nitrito que habían venido al Congreso de Unidad Sindical - organizado por la FOCH, habían informado que la única causa de los sucesos que se desarrollan en el Alto Bíobío es el lanzamiento despiadado de que el Gobierno ha hecho objeto a los colonos..."117.

Desde el punto de vista de participantes directos en los acontecimientos en Ranquil, podemos recoger un valioso testimonio que afirma de la existencia de lanzamientos. Clementina Sagredo, quien fuera detenida en los sucesos de

Ranquil, al quedar en libre plática declara al Diario Austral de Temuco lo siguiente:

> *"En abril fuimos lanzados junto con 63 familias desde Nitrito donde vivamos tranquilamente cultivando nuestras tierras, pero el Sr. Vial consiguió lanzarnos con la fuerza pública, y nos dejó sin un palmo de terreno y en medio de los riscos de la cordillera. En mi casa tenía un despachito, donde un capitán de Carabineros estuvo de paso cuando perseguían a los revoltosos, y me pidió que le vendiera azúcar, yerba y pan.*
>
> *Lo mismo que nosotros, esas 63 familias que se encuentran abandonadas y no sé cómo tienen que comer. Ninguna tiene nada de terreno y no hay esperanzas de que se les dé algo"118.*

El cumplimiento de las órdenes de desalojo de las tierras está claramente narrado en el libro "Bíobío Sangriento", en que el autor, el Sargento primero Germán Troncoso González, de dotación de la quinta comisaría de Curacautin, de la Prefectura de Malleco, narra sobre la base de testimonios recogidos, el cumplimiento de las órdenes de desalojo de las tierras. Comienza señalando: "...el Intendente de la Provincia de Cautín, emanó una orden de desalojo contra los colonos del   Alto   Bíobío.   El cumplimiento de la orden estaría a cargo de la cuarta Comisaría de Victoria"119.

Para cumplir la orden de desalojo parten 15 hombres a cargo del capitán Luis del Fierro Herrera. Su primer trayecto fue de Victoria a la Subcomisaria de Lonquimay. Allí, son recibidos por el Teniente Cabrera. Se agregan 5 hombres al destacamento y salen con dirección a Nitrito, pasando por la laguna de San Pedro, atraviesan el Bíobío en balsa a la altura de Caracoles. De ahí a Ranquil y Troyo hasta llegar a Nitrito. Después de un descanso, la tropa fue dividida en parejas "con el fin de ir comunicando a los colonos que tenían 48 horas para abandonar los terrenos, según órdenes superiores"... "A medio día comenzó a funcionar el cumplimiento de las órdenes judiciales. Los colonos resistían levemente; las mujeres y los niños se colgaban de los brazos y piernas de los uniformados imprecándoles su proceder..."120.

Las ordenes a que hace referencia el sargento Troncoso, no aparecen como impartidas por un Tribunal o Juez competente, por lo menos, no ha sido posible determinar esto. Lo que sí queda claro y es posible establecer, es que esas órdenes fueron siempre impartidas a través del Ministerio del Interior, cuyo titular el Sr. Luis Salas Romo, en pleno desarrollo de los acontecimientos autorizó al Intendente de Cautín "para que adoptara todas las medidas necesarias para asegurar el respeto a la ley, a la vida y a todos los derechos fundamentales en Lonquimay, y que acudiera a todos los medios por dolorosos que fueran, para mantener el orden"121.

Los diferentes telegramas que fueron posibles obtener en la prensa de la época, nos dejan un rastro valioso. Un primer telegrama es relativo a no levantar el campamento de los agrimensores, dice:

"Agrimensor Carlos Fernández, Lonquimay.-
No regrese ni levante campamento y continúe labor
encomendada, pues al señor Ministro Interior
impartió Intendente de Cautín nuevas y terminantes
instrucciones sentido pedidas por Ministro de Tierras
fin solucionar totalmente situación ocupantes fundo

Huallalí" (firmado por el jefe de la sección jurídica, al Sr. Rencoret)122. El Gobierno y el Presidente de la República, Sr. Alessandri,
tenía pleno conocimiento de los lanzamientos que se realizaban en el Alto Biobío, así, lo demuestran los siguientes telegramas que se agregan al ya citado y que fuera enviado por el Diputado Huenchullán, logrando finalmente una respuesta del Presidente Alessandri.

"Excelencia Presidente República.- Moneda.- Santiago.- Confirmo telegrama anterior y mientras llego esa capital ruego intervenga telegráficamente favor Manuel Astroza Dávila, actualmente detenido aquí en Lonquimay. Hombre bueno y pacífico, comprometido menos que secundariamente. Le agradecer, especialmente señalado servicio. Lonquimay fuera todo peligro. Sediciosos huyen. Respetuosamente.- Diputado Huenchullán"123

Su excelencia contestó lo que sigue:

"Diputado Huenchullán.-Lonquimay.- Le agradezco mucho su telegrama y he telegrafiado hoy mismo sobre el señor Astroza.- (Firmado) Arturo Alessandri".124

En la sesión del 2 de julio de 1934, el Senador Virgilio Morales protestó de la actitud del Gobierno ante los sucesos de Lonquimay, señalando que hubo "lanzamientos de numerosas familias de los fundos del alto Bíobío efectuado en los primeros días del mes de abril, familias que fueron expulsadas más al interior de la cordillera, en vez de radicarlas dentro de las 30 mil hectáreas"125

Algo semejante agrega el diputado Juan Antonio Ríos, en la Cámara cuando dice que "en su concepto no es con la represión sangrienta que se va a encontrar la solución, sino que con el estudio de las causas que han producido esa situación" (La Opinión 5/7/34).

En ningún momento el Gobierno desmintió los lanzamientos efectuados: "El Ministro no desmintió las afirmaciones que hicieron los diputados gobiernistas señores Huenchullán y Chanks, en el sentido de que en el mes de abril se hicieron numerosos lanzamientos de colonos en el Alto Bíobío".126

El Diario Austral de Temuco, de fecha 1 de julio de 1934, precisa como fecha de ejecución de la orden de lanzamiento, "el día doce de abril", produciendo lo que el mismo diario indica, "que hubo choques sangrientos entre los ocupantes desposeídos y la fuerza de Carabineros que cumplió esas órdenes".127

El desalojo produjo una dispersión de los colonos en el valle, algunos permanecieron en Ranquil, "otros se fueron a Santa Bárbara; por £último muchos aceptaron una parcelita de 30 o 40 ha. en los risqueríos de Llanquen, pero sin haber construido previamente sus casas, por lo que improvisaron viviendas de quilas, y sin víveres para el invierno"128.

La resistencia, como una forma de no aceptar dejar sus tierras y pertenencias; a ser lanzados a los caminos o encajonados en la cordillera; a dejar quemar sus casas129, motivó esta defensa de la tierra en el valle de Lonquimay. Participaron los colonos pobres, campesinos, gente de los lavaderos de oro, obreros del Túnel Las Raíces, indígenas de Ralco, como el cacique Ignacio Maripi, 130, al que "... se les unieron entre ayer y anteayer, cien indígenas armados, que solo van llevados por el afán de saqueo y de pillaje..." 131.

Elías Lafertte, se refiera a Ranquil como una acción "...espontánea, no preparada, un estallido de cólera de campesinos esquilmados durante siglos y a quienes se les estaba terminando de quitar sus pobres y escasa tierras".132

Sin sus casas, el frío y el hambre, impulsó a la actitud casi irracional de asaltar las pulperías. Este asalto, no es realizado por grandes masas de campesinos, sino, que por grupos de familias: los Carter, los Sagredo, los Valenzuela, los Ortiz, Así lo confirman las sentencias del Ministro en visita, quien condena a los jefes de familia y deja libre al resto de los detenidos y, aplica la ley de amnistía como apreciaremos más adelante.

Posterior a los hechos que se construye un supuesto plan revolucionario que contemplaba el alzamiento en Ranquil. Esto es gracias a que la prensa de derecha monopolizó la información, a tal punto que el Senador Juan Pradenas Muñoz, decía en sesión del Senado del da 22 de agosto, "no había podido formarse un juicio exacto sobre los hechos ocurridos en el sur, debido a las informaciones tendenciosas de la prensa, que se empeñó en tender sobre estos acontecimientos una verdadera cortina de humo para ocultar la verdad y exagerando notablemente algunos hechos. Todos los días aparecían en la prensa noticias de crímenes salvajes cometidos contra determinadas personas, y al día siguiente se sabía que esas personas estaban vivas y gozando de buena salud". 133

Tal es el caso de que los "sublevados" habían asesinado al administrador del fundo Chipalco y su hija de 2 años. Al día siguiente en el diario La Nación aparece el siguiente telegrama de su corresponsal en la zona: "Temuco 5.- Contrariamente a lo que se había informado anteriormente, ESTA VIVO EL

ADMINISTRADOR DEL FUNDO CHIPALCO DON CLODORMIRO ZUÑIGA". 134

Otro ejemplo que ilustra este manejo de la información es el asesinato de los esposos Olhagaray. El Diario Austral de Temuco informa así:

"Asaltan el fundo Lolco".
A este respecto, recibimos en la tarde de ayer el siguiente telegrama de nuestro corresponsal en Lonquimay.
"Rebeldes se encuentran en el fundo Lolco y asesinaron a sus propietarios señores Juan Olhagaray y hermanos Luciano, Martín y José Gainza".135.

El mismo diario da por confirmada esta noticia por la Dirección General de Carabineros en un comunicado oficial. Cuatro días más tarde, este diario nos relata una entrevista muy especial: "Este corresponsal entrevistó exclusivamente para el Diario Austral, al señor Juan Olhagaray y a su esposa que se encuentran alojados en el Hotel Comercio, para seguir viaje mañana a Victoria" 136

Familia Olhagaray que dio una conferencia de prensa
después de ser "muertos" por los "revoltosos"

Lo mismo sucede con el asesinato de los Zolezzi, que después de unos días. "Fueron rescatadas las señoras Zolezzi y Acuña.- Temuco, 5.- Los Carabineros rescataron del poder de los amotinados a la señora Zolezzi y a la esposa del pulpero Acuña, quienes no están heridas".137

Con respecto al armamento el parte Nº 544 de la primera Comisaria de Bíobío, deja constancia "... de 70 hombres más o menos, de estos 10 armados de carabinas, revólveres y escopetas, montados, y el resto a pie, armados de garrotes..." 138
En el decir de Emiliana Sagredo refiriéndose a la prensa: "Y levantó una calumnia histórica que incluso ha sido recogida, tiempo después, por la propia prensa de izquierda" 139

Capitulo IX: Represión y Cárcel

La resistencia espontánea a no dejarse despojar, en última instancia de sus pertenencias familiares, produjo el m s grande operativo represivo que el país conociera a esa fecha. La situación producida en el valle de Lonquimay, especialmente en los fundos de Nitrito y Ranquil, fue en un comienzo catalogada de "hecho delictuoso", "En las desoladas regiones de Lonquimay, el orden fue alterado, saqueada la propiedad privada, asesinados los ciudadanos"140La prensa en su vocabulario habla de "salteadores", "ladrones", "gente sin ley". A los pocos días se produce un vuelco en el tratamiento del problema y se transforma en "insurrección armada" o, "resistencia armada" y los campesinos y colonos pasan a ser los "revoltosos", "sediciosos", "rebeldes". Lo curioso es que a partir del 2 de Julio, prácticamente todo, en el valle, estaba normalizado como apreciaremos más adelante. En este cambio de categoría del problema, el Gobierno dispuso la aplicación del decreto Nº 50, dictado por el Gobierno del señor Dávila (Diario Oficial, 24/6/32, pág. 1702). Este decreto-ley hacía innecesario pedir al Congreso facultades extraordinarias, porque ponía en manos del gobierno los medios legales necesarios para reprimir todos los actos contra la seguridad interior del Estado. El día 2 de julio, el Director General de Carabineros, señor Humberto Arraigada Valdivieso, recibió a las 22 horas, la orden de "S.E. el Presidente de la República, de trasladarme con tropas de Carabineros, a la ciudad de Mulchen con el fin de impedir el avance sobre dicha ciudad de los bandoleros..."141.

La fuerza represiva que se constituyó en Santiago para reforzar a la que operaba en la zona, desde el 26 de junio, estuvo formada por oficiales y tropas de la 16 Comisaría del Tránsito; Escuela de Carabineros y el refuerzo de personal de la 15

Comisaría del Tránsito que aportaron dos fusiles ametralladoras servido por 6 hombres. Partieron desde Santiago en un tren especial a las 3,15 hr. del 3 de julio, llegando al pueblo de Santa Fe a las 17 horas del mismo día. Con esto, la fuerza de Carabineros llegó a sumar unos 300 hombres armados y equipados en el valle de Lonquimay, cuyo objetivo era cercar a "los facciosos del Alto Bíobío". Según el Diario Austral de Temuco (3/7/34), cuatro aviones de bombardeo "vienen a combatir a los rebeldes de Lonquimay". Si estos aviones despegaron a no desde El Bosque (Santiago) hacia el aeropuerto de Maquehua (Temuco), no ha sido posible determinar, pero, los testimonios no confirman su participación en los hechos. Lo que sí se puede verificar, es que para cumplir las órdenes recibidas de S.E., el general Arriagada, contó con apoyo aéreo para realizar observación y apoyo logístico. El Intendente de la provincia, señor Alfredo Rodríguez Mac-Iver, obtuvo del comandante de la Base Aérea de Maquehua, capitán de bandada, señor Montecinos, que un avión sobrevolara Lonquimay con el objeto de informar detalladamente acerca de la situación que allí se había producido. Posteriormente, partieron aviones hacia Lonquimay, piloteados por los capitanes, señores Carlos Baldeig y Aurelio Celedón, los que debían observar cuanto ocurría, a la vez que a la altura de la boca norte del túnel Las Raíces dejaron caer paquetes con elementos sanitarios. Al regreso el informe fue: "NO NOTO NADA DE ANORMAL"... "En Lonquimay, por donde el avión pasó volando muy bajo, no se observaba nada de anormal y otro tanto en el campamento de Boca Norte del Túnel Las Raíces"142.

La utilización de tropas del Ejército, no es posibles establecerla a través de partes oficiales de esa institución, salvo señalar: "En las primeras horas de la mañana de hoy, saldrá un escuadrón de ametralladoras del Regimiento Húsares de Angol, el cual se internara por la región cordillerana a encontrarse con los revoltosos"143. Sin embargo, los testimonios de Ismael Carter, y Emelina Sagredo, publicados por la revista Ramona144 no confirman la participación de personal de Ejército en la zona, aunque el Diario Austral, insiste el día 4/7/34 que el Escuadrón de Húsares quedó al resguardo de las ciudades de Collipulli, Mulchen y otras, que no tenía vigilancia policial. El siguiente telegrama solo confirma la petición del Ejército:

> *"DIRECCION GENERAL DE CARABINEROS SANTIAGO 18.00 horas*
> *Este momento comunícame Teniente Coronel Rojas Prefectura base gran numero amotinados avanzan ribera nacimiento Bíobío que la situación se agrava por Mulchen punto sóbese gran número amotinados avanzan ribera nacimiento Bíobío asesinando a su paso al agricultor Martínez quemando. Casa punto. Esta virtud ha solicitado elementos ejército acuerdo intendente de provincia fin perseguirlos. BRIONESINSPECTOR ZONA"* 145

En la ciudad de Lonquimay se constituyó la "Guardia Civil" (al igual que en Copiapó, Pascua Trágica, 1931, las milicias republicanas nuevamente son una fuerza paramilitar que prestan sus servicios a favor del "Orden", la "Patria", la "Propiedad". Ver "Estar Fuera de la Historia, Pascua Trágica, Copiapó, 1931"), para proteger el pueblo y los puentes de acceso, el Lonquimay y El Naranjo. Esta Guardia, llegó a tener unos cien civiles. Su jefe fue Augusto Schweitzer. Para proteger el fundo del señor José de la Jara, ubicado cerca de Mulchen, fue enviada una compañía de la

"Milicia Republicana" que estaba organizada a través de todo el país, (poseía un Estado Mayor, incluso por provincias; poseía un cuartel general en Santiago; tenía armamento de infantería y su correspondiente instrucción; contaba con el reconocimiento del Gobierno de Alessandri el que pasa revista de inspección a los milicianos concentrados en la Chacra Santa Julia, como podemos observar en las fotos de la página siguiente. Su objetivo era combatir por cualquier medio toda tiranía ya sea comunista civil o militar), según dispuso el Comando de estas milicias. En Temuco, también se organizaron milicias Republicanas para ir en apoyo a la acción de Carabineros146. En todo este cuadro de acumulación de fuerzas no podía faltar la "Guardia Blanca que operaba bajo el mando del subdelegado"147.

Con toda esta fuerza, se procedió a reducir a los campesinos que desconocedores de las tácticas policiales-militares, fueron atrapados entre dos fuegos, con fuerzas a cargo del Comandante Délano, las que avanzaron por ambos lados del río Bíobío. Se produjeron algunos encuentros menores como en Nitrito, pero el de mayor significación es el que se produce en el Puente Ranquil. Aquí, el 2 de julio de 1934, unos 200 campesinos, habían decidido impedir el paso del puente, para defenderse de los lanzamientos. En su defensa llegaron a realizar una carga de caballería que no superaba los 10 jinetes y cuyas armas eran el garrote con cachiporra "y que la bordeaban en la mano por una correa alrededor de la muñeca"148. El propio Ismael Carter en su testimonio a la revista Ramona señalada dice: "me dirigí en línea recta hacia ellos, blandiendo el garrote. A medio camino, cuando estaba a menos de 50 metros, recibí un golpe terrible en el pecho, luego semiinconsciente, sentí otros dolores en distintas partes. Había recibido 5 balazos"149. Después de la batalla del puente, no hay ya más resistencia, solo persecución, que se grafica en el testimonio de Clementina Sagredo: "Después vinieron una persecución, una cacería que no terminaban nunca. Murieron ocho hombres de mi familia. A José, Rosario, mi hermano mayor, le cortaron las orejas, la nariz... lo castraron. Y a cientos de nosotros nos llevaron amarrados hasta Temuco, a pie por la nieve. Éramos una larga y fantasmal procesión oscura y cruel"150.

Estado Mayor de la Milicia Republicana en la Provincia de Cautín, sentados: Francisco Negroni, Alfredo Wiederhold. De pie: Diógenes Córdoba, Francisco de la Fuente

El Presidente Alessandri pasa revista a los Milicianos concentrados en la chacra Santa Julia (mayo 1934)

Los propios diarios de la zona, especialmente el Austral de Temuco, confirman este testimonio, pues no aparecen como noticias de hechos nuevos después del 2 de julio. El propio General Arriagada al llegar a la zona se encontró con la situación controlada por las tropas del Comandante Délano. El libro "Bíobío Sangriento", al establecer una cronología de los hechos, los ubica entre el 26 de junio y el 2 de julio. La llegada de las tropas de Santiago, el día 3 de julio, solo sirven para hacer más efectiva la "cacería".

Esta "cacería produjo más de 60 muertos entre los colonos y los obreros de los lavaderos de oro, según lo constata el Diputado Huenchullán"151. Emelina Sagredo en el testimonio citado, señala más de cien muertos. Las casas de todo el valle fueron abandonadas por sus moradores que buscaron refugio en la cordillera: "Todas las casas ubicadas entre el bote de Baldovino Cid y la casa de Salas, fueron allanadas, no habiéndose encontrado ningún individuo"152. Es lo mismo que afirma Ismael Carter, Emelina y Clementina Sagredo en los testimonios a que ya hemos hecho referencia.

Se producen numerosos asesinatos, después de ser detenidos; se provocan lesiones graves a mujeres embarazadas como María Andrea Soto; asesinato de indios en Ralco153; "El cacique Maripé... fue salvajemente torturado en vida; le sacaron los ojos, le cortaron la lengua y las orejas, hasta dejarlo examine"154.

Cabo José Reyes Leiva y carabinero Luis Maldonado, heridos en los sucesos de Ranquil

A través de toda la persecución en el valle de Lonquimay, las fuerzas policiales lograron numerosos detenidos. En Lolco se detienen a 400 personas, así lo señala el comunicado oficial que se recibió en la Intendencia y en la Prefectura de Carabineros, en que se da cuenta que las fuerzas del Comandante Délano, divididas en dos grupos, una a cada lado del Bíobío, había tomado por sorpresa a los "facciosos" que en número de 400 o más, se encontraban en el fundo Lolco155. A este número de detenidos hay que agregar otros más pequeños apresados en diferentes lugares: el sargento Reyes detiene 5 hombres156 y, el Teniente Sepúlveda detiene a 7 hombres. Así, según las noticias de los periódicos, diarios y comunicados oficiales, se logra determinar unos 500 detenidos. De estos, son puestos a disposición del Ministro en Visita, en Temuco, sólo 55 personas y cuya lista publica el Diario Austral de fecha 14/7/34. La diferencia"... fueron quedando en el camino" por diversas razones. Algunos son liberados por el Comandante Délano antes de emprender la marcha hacia Temuco. Otros, aparecen fugados o tirándose a las aguas del río Ranquil: "Desgraciadamente aprovechando los instantes de confusión... se dieron a la fuga... Cuando el teniente Sepúlveda ordenó su persecución, ya era demasiado tarde: los 7 hombres se lanzaron a las rápida aguas del río Ranquil, siendo arrastrados por ellas"157. Entre los 7 fugados estaban los hermanos Juan y Pablo Sagredo, dirigentes del Sindicato Agrícola de Lonquimay. También aparece fugándose y tirándose al río Ranquil, Daniel Morales, según señala el siguiente telegrama:

> *"Comunican de la Tenencia de Lonquimay que llegaron a esa once detenidos por el capitán Montreal y los cuales son los autores confesos del asesinato de los señores Zolezzi, Zañartu, Acuña y hermanos Gainza.*
>
> *Al pasar por el río Ranquil, Daniel Morales, autor del asesinato de los hermanos Gainza, se tiró al río ahogándose"158.*

En el testimonio al que nos hemos referido de Clementina Sagredo, agrega lo siguiente: "A muchos los sacaban de la columna de presos y partían con los pacos. Se despedían de nosotros con una mirada triste. A la hora, los pacos volvían solos. Después de asesinarlos fríamente, los echaban al Bíobío".

El Senador Juan Pradenas Muñoz, refiriéndose al desaparecimiento de prisioneros, en sesión del Senado del 24 de agosto del 34 dijo:

> *"De estos 500 personas prisioneras tomadas por las fuerzas del Comandante Délano Soruco, llegaron 32 detenidos a Temuco.*
>
> *¨ ¿Dónde están los demás señor Presidente?"*
>
> *Si estas 500 personas estaban prisioneras, no pudieron huir. Pues bien, señor Presidente, tengo algunos antecedentes para creer que la mayor parte de esos hombres fueron asesinados cobardemente, sin juicio previo, sin establecerse responsabilidades.*
>
> *Veintitrés estaban presos; 60 habían caído combatiendo (el General Arriagada dijo a "El Imparcial" que habían caído al río) y la verdad es que no sabemos, como después de muertos pueden haberse ido al río y que 40 y tantos habían huido.*
>
> *Entre los más graves de estos delitos denunciados ante la Fiscalía de Temuco, figuran asesinatos de todas las familias Sagredo... asesinato después de la detención, sin que opusiera la menor resistencia, de Marcos Hermosilla. Ces reo y Anselmo Orrego. Silverio Ortiz, Manuel Muñoz, José, Benicio Reyes y otros"159*

La "cacería" a que hace referencia la prensa y los testimonios que hemos considerado se habría extendido hacia Argentina. El Diario Austral de Temuco del 7/7/34 informa:

> *"SE BATEN EN RETIRADA. Positivamente se sabe que estos se baten en retirada y desordenadamente siguiendo diversos puntos. Algunos tratan de alcanzar la frontera e internarse en Argentina.*
> *SE ENCARGA A LOS PROFUGOS A ARGENTINA. Sabemos que el Gobierno, en conocimiento de esta situación y por intermedio de la Cancillería ha solicitado al Embajador en Buenos Aires, señor Luis Alberto Cariola, haga gestiones ante el Gobierno argentino para que se ordene que los prófugos sean detenidos por las autoridades argentinas".*

El propio libro de Germán Troncoso, "Bíobío Sangriento" narra un episodio consistente en ir a la frontera con Argentina para recoger detenidos que serían entregados por los gendarmes. Esta entrega no se efectuó.

A partir de la situación concreta que es Ranquil se produce una extensión de la represión más allá del valle de Lonquimay. Ya no es reprimir solo a unos cuantos campesino y colonos pobres o, al Sindicato Agrícola de Lonquimay, sino, que se trata de reprimir al conjunto del movimiento sindical de la época y sus organizaciones, para lo cual se realizan diferentes acciones. En Lota, fueron detenidos los dirigentes Gregorio Fonseca, Juan Francisco Henríquez y Manuel Hernández, acusándolos de subversivos y poseedores de "proclamas que invitaban a la sedición... " 160. En San Felipe fueron "detenidos algunos comunistas en los momentos que repartían proclamas incendiarias en un fundo cercano a esa ciudad" (Diario Austral 6/7/34). En Santiago, el 4 de julio, a las 18,30 horas, un grupo de 80 Carabineros y policías de Investigaciones procedieron a allanar el local de la Avda. La Paz Nº 134, donde sesionaba el Congreso de Unidad Sindical de la FOCH, deteniendo a 300 de los delegados que asistían a la reunión161. También se produce el allanamiento, asalto y empastelamiento del diario "La Opinión"162. Se ordena la persecución por todo el país de los dirigentes comunistas Lafferte y Contreras Labarca, porque según "La memoria de algunos detectives recordó el discurso que se pronunciaba en el momento de entrar al local en el cual se incitaba a la revuelta armada para conquistar el poder"163. A la Federación de Estudiantes se le acusa de dar la iniciativa para que se celebrara un congreso revolucionario en el diario "La Opinión", haciéndose merecedora de persecuciones.

Junto con desarrollarse estos acontecimientos apareció en la prensa que apoyaba al Gobierno, la acusación de la existencia de un complot dirigido desde Moscú. Pero, en otros diarios de la prensa adicta al Gobierno se afirma que el "movimiento" se había planeado en Santiago, en vista que allí fracaso la maniobra para producir grandes disturbios. Se acusa a los senadores Marmaduke Groove, Juan Pradenas, Virgilio Morales y a un periodista de apellido Latcham y otros (El sol, 5/7/34). El diario oficialista de la zona, el Diario Austral de Temuco, tituló: "Revolución social estaban planeando los dirigentes de extrema izquierda". El mismo diario de edición de 6 de julio de 1934, titula en otro artículo: "Era un verdadero arsenal el local de la convención comunista", e inmediatamente señalaba: "Armas de todas clases, sacos de balas y proclamas fueron recogidas al practicarse el allanamiento del local del sindicato de comerciantes..." se requisaron puñales, cuchillos, mazos de madera".

En el allanamiento al policlínico de la Caja de Seguro Obligatorio, que estaba en construcción, "se habrían descubierto 10 mil estoques", los que serían entregados a los "guardias de asalto proletarios" que estaban prontas a entrar en acción.

René Frías nos dice cómo fue detenido en el allanamiento a "La Opinión"

El periódico "La Ley", del miércoles 11 de julio de 1934, publica una entrevista a trabajadores del mencionado policlínico:

> *"que se reían bonachonamente de tan escandalosa como falsa información. Lo que hubo es que como a la una de la mañana del viernes llegaron varios agentes y a grandes gritos solicitaron del cuidador, Valentino Sims que les facilitara una vela o una lámpara, pues tenían que hacer una búsqueda muy importante en el edificio".*
> *Estos agentes ingresaron al edificio con un paquete, que no llevaban al retirarse del lugar:*

Con respecto a lo anterior debemos agregar las acusaciones a la oposición del Gobierno de Alessandri que se venía haciendo con anterioridad a los sucesos de Ranquil, así lo podemos comprobar en la carta que la "Milicia Republicana" envía a catorce personeros de la izquierda. Entonces, una vez más, apreciamos que el cambio de categoría de "delincuentes" a "sublevados", de "actos delictuales" a "insurrección armada", responde a una concepción represiva, que en esta oportunidad, encontró en los sucesos de Ranquil el motivo para concretarla y ponerla en acción.

El 3 de julio de 1934, por instrucciones recibidas de la Corte Suprema, la Corte de Apelaciones de Temuco se reunió en pleno. Allí se designó a un Ministro en Visita en el Juzgado de Victoria, para que se avocara al conocimiento del sumario por los sucesos de Ranquil. La designación recayó en el señor Franklin Rogers. Inició sus funciones en dicha localidad el 4 de julio, ordenando detenciones; citando gente a declarar; visitando los diferentes lugares de los acontecimientos; incomunicando a personas.

Carta de la Milicia Republicana a catorce dirigentes de la oposición a Alessandri (mayo 1934)

En la medida que avanza el proceso y lo revisa; estudia las declaraciones, va dejando libre a personas acusadas por Carabineros de los más horrorosos crímenes. Tal es el caso de la Clementina Sagredo, acusada de ser "la famosa cantante macabra que amenizó el cobarde asesinato de dos carabineros"164, puesta en libertad el 18 de julio por no haber méritos para continuar detenida. Ricardo Chandía, después de declarar ante el magistrado es puesto en libertad por no haber mérito en su contra. Lo mismo sucede con los reos José, Mercedes Ortiz Orellana, Justiniano Hidalgo Henríquez, Juan Arriagada Olmendra, Eduardo Parra Henríquez, Aurelio Astroza Ribera y Roberto Rojas Justo165.

La sentencia de primera instancia dictada por el Sr. Ministro F. Quezada R., en el proceso contra los responsables de los sucesos del Alto Bíobío, fue dictada el 5 de marzo de 1935. Al hacerse una lectura de ella es posible afirmar que más parece una sentencia política que una sentencia judicial basada en los hechos reales. Para ello basta detenerse en el considerando "a) Alzamiento a mano armada en la Comuna de Lonquimay, Departamento de Victoria, a fin de promover la guerra civil, provocando violentamente el cambio de la forma de Gobierno en la República;"166.

Luego, las sentencias que dicta, no tienen relación con el considerando letra a).

Los considerandos que van de la letra b) a la letra ll) establecen delitos como: robo con violencia; robo con fuerza; maltrato o Carabineros; oposición a la acción de Carabineros; homicidios (se establecen 9 homicidios y participación de terceros en el suicido de Luciano Gainza lr. Las sentencias están reducidas a condenar por robo con violencia a: O. Ortiz S.; J. Orellana B.; F. Pino V.; J. Ortiz E.; y a Ismael Carter J. (quien entrega el testimonio en la revista "Ramona" citada). Solo una persona es condenada por el delito de homicidio, Rafael Bascuñán Rodríguez. No se especifica lugar del delito, fecha, y quien es la víctima. Su condena es de 5 años y un día167.

La investigación no establece causal de muerte de los carabineros Bascuñán y soldado Fidel Montoya. Según noticias del Diario Austral, estos habían sido partidos por una sierra de aserradero, mientras Clementina Sagredo y Emelina Sagredo tocaba la guitarra y bailaban. El considerando letra f) dice: "Violencia o maltrato del cabo de Carabineros Rafael Bascuñán y el soldado Fidel Montoya, encontrándose en actos del servicio, con muerte de los mismos en Nitrito"168. Por este delito no hay condenados.

Lo que la justicia Civil y militar no considera para investigar es el siguiente escrito que reproducimos y que fue presentado por el abogado señor Gerardo Ortuzar Riesco, al señor Juez Militar169. Dice:

DENUNCIA DE LOS DELITOS QUE ESPECIFICA
Sr. Juez Militar

Gerardo Ortuzar Riesco, abogado, Domiciliado en Santiago, calle Teatinos 340, de paso en esta ciudad, Hotel Continental, a, a US digo:

Que, comisionado por la Federación obrera de Chile para hacer la defensa de los procesados por el Ministro de esta Jurisdicción don Franklin Quezada, respecto a los hechos acaecidos últimamente en Alto Bíobío, cuyo conocimiento es público. He tomado conocimiento de la perpetración por parte del personal del Servicio de Carabineros de una serie de crímenes y simples delitos, por lo que, en uso del derecho conferido por el artículo 104 del Código de Procedimiento Penal, vengo en hacer la correspondiente denuncia, a fin de que Ud. ordene instruir el correspondiente sumario, pasando los antecedentes al señor Fiscal, a fin de que practique las investigaciones del caso, aplicándose en definitiva a los que resulten responsables de los delitos, las sanciones legales.

Los delitos y crímenes, cuya comisión he conocido por declaraciones de muchos de los procesados en el expediente antes referido, otros por intermedio de las personas de las familias de esos mismos detenidos y finalmente, algunos por declaraciones que se dice habrían prestado privadamente muchos de los carabineros que habrían tomado parte en los sucesos; son de tal gravedad, que se hace indispensable adoptar todas las medidas del caso para investigar fehacientemente estos hechos.

Esta investigación sirvió además, para verificar que base tiene los comentarios que se han hecho públicas en muchos de los diarios del país respecto a que la fuerza de Carabineros que intervino en la sofocación de los desórdenes del Alto Bíobío, desentendiéndose de la única misión que esta sociedad se ha conferido se habría constituido en juez y reclutante de sus fallos respecto de muchas personas que aparecían comprometidas en aquellos desórdenes. Este acto verdaderamente vandálico, merece el m s ejemplar castigo. Otra actitud acarreada el cuerpo de Carabineros y a nuestra Justicia Militar un descrédito que creo, no merece.

Procedo a hacer la enumeración de los delitos cuya Denuncia efectúo:

1.-   Asesinato, después de ser detenidos sin que respecto de muchos de ellos existiera la más leve sospecha de participación en los hechos del Alto Bíobío de TODOS LOS MIEMBROS DE LA FAMILIA SAGREDO, algunos de cuyos miembros serían: Hernán Sagredo. Ester Sagredo, y la madre de Benito Sagredo, anciana de las de 70 años de edad y los niños que vivían en la misma casa, entre los cuales se cuenta una guagua de 2 años de edad. Por las informaciones que el infrascrito ha recogido, las personas adultas habrían sido fusiladas y los niños arrojados al Bíobío.

2.- Lesiones graves a María Andrea Soto, no obstante encontrarse embarazada de muchos meses, cuyo estado actualmente sería grave, a consecuencia de las mismas lesiones.

3.-   Robos y hurtos perpetrados por la fuerza de carabineros en casi todas las casas de colonos de Hanquen, habiendo desaparecido los ponchos, lazos y aperos de caballos que los pobladores de dicha localidad tenían.

4.- Robos de ganados en la reducción indígena de Los Ángeles.

5.- Asesinatos después de su detención sin oponer resistencia, de Marcos Hermosilla, Cesáreo y Anselmo Orrego, Silverio Ortiz, Manuel Muñoz, José, Benicio Reyes. Erasmo Baeza. Atanasio Peña, todos casados con numerosos hijos que hoy quedan totalmente desamparados, y que yacen en estos números sin ninguna clase de auxilios. Muchos de los ciudadanos no habían tomado parte alguna en los hechos delictuosos de que conoce el Ministro señor Franklin Quezada.

6.- Asesinato, después de ser detenidos sin oponer ninguna resistencia, y en sus domicilios de Pedro Antonio Valenzuela, José Troncoso, Darío Cabezas, José, Cabezas, José, del Rosario Sagredo.

7.- Daños en Ranquil en el ganado, pues se provocó su dispersión, y muchos animales fueron sacados de la región.

8.- Asesinato de Ramón Quiladran. Emilio Valenzuela, Pedro Riquelme y un tal Alarcón, cuyo nombre ignoro.

9.- Asesinatos en masa de los indios de Ralco, por el hecho, según se dice de que algunos habrían tomado parte en los desórdenes públicos ya conocidos.

10.- Lesiones graves a Jovino Parras por los carabineros de guarnición en Selva Oscura.

11.- Lesiones a Onofre Ortiz, Florencio Pino, Carmen León, Juan Bautista Valenzuela, detenidos actualmente en la cárcel de esta ciudad. Las personas responsables individualmente de cada uno de los delitos que se denuncian, es imposible especificarlas, pero Ud. podrá desde luego ordenar que se practiquen las investigaciones del caso en todos los destacamentos que tomaron parte de la sofocación de los desórdenes del Alto Bíobío.

Respecto al delito Nº 8 se sabe que los Carabineros que lo provocaron fueron los que llegaron a Lolco por Chilpa, que iban al mando de un capitán cuyo nombre naturalmente se ignorara.

Por la naturaleza misma de los delitos perpetrados y por las circunstancias en que se cometieron, es absolutamente imposible determinar individualmente a cada culpable, pero ello no obstante la denuncia debe tramitarse, como está resuelto por los Tribunales en numerosas sentencias; y además, estos hechos deben esclarecerse por razones del m s elemental buen criterio.

Por tanto ruego a US, se sirva tener por hechas las denuncias respecto de cada uno de los delitos que se mencionan ordenando la instrucción del correspondiente sumario, a fin de aplicar a los que resulten responsables de ellos las penas correspondientes.

Otrosí.- Sírvase Ud. ordenar que se dirija a cada uno de los Jefes que actuaron en los desórdenes del Alto Bíobío, a fin de que informen sobre los hechos denunciados y especifiquen si algo saben de los asesinatos y demás delitos detallados.

Segundo Otrosí.- Se servir Ud. ordenar también que se dirija oficio a todos los señores Oficiales civiles de la comuna de Lonquimay, a fin de que informen de las *muertes inscritas en sus respectivas oficinas con ocasión de los mismos desórdenes del Alto Bíobío.*

Ante las acusaciones que se realizan a carabineros, la Milicia Republicana propone una amnistía que descargara de sus causas por delito que merezca una pena mayor a 541 días, y agrega:

"Es de imaginar cuan jubiloso les sería un gesto de esta índole de supremo Gobierno de la República, particularmente cuando se trata de servidores cuya hoja de servicios es envidiable por todos conceptos.

Una ley de la naturaleza implicada, para aquellos servidores que comprueben buena e intachable conducta durante tres o cinco años anteriores a su dictación, constituiría un estímulo efectivo, muchísimo más eficaz que un castigo.

La promulgación de esta ley, impediría que se posterguen ascensos merecidos, como ocurre con los aspirantes a grado superior cuando se encuentran procesados. Dejo lanzada la idea, que a no dudarlo ya es general y, por lo tanto, considero que habrá de tener amplia acogida en la opinión pública especialmente en el Supremo Gobierno y miembros del Congreso Nacional". Héctor S. Fuenzalida L. Pitrufquen, 6 de Agosto de 1934170.

El Ministro en visita aplica la ley de amnistía Nº 5483, a aquellos que fueron sobreseídos definitiva y temporalmente, como también el sobreseimiento de los ciudadanos que hasta la fecha no fueron habidos por la policía. Al terminar no podemos dejar de referirnos al centenar de mujeres y niños que quedaron en el desamparo, el hambre y la miseria, al perder al "Jefe de hogar" y sus tierras. El Socorro Rojo Internacional desarrolló una amplia tarea de solidaridad con las víctimas de la represión que fueron traídas a Santiago. Se recolectó dinero para su mantención, y en Temuco se logró sostener a unas 60 personas durante 6 meses con el sólo aporte de esta organización. La forma en que se efectuó la solidaridad fue criticada posteriormente pues, esta se realizó en forma "sectaria y de puertas adentro, dando como resultado poca eficiencia y a veces faltando los recursos necesarios. Esta cuestión fue resultante, primero: el Socorro Rojo Internacional no hizo divulgación suficiente de lo que significa el padrinazgo... Segundo: el S.R.I. se concretó a recoger dinero y distribuirlo por su cuenta sin hacer tentativas serias para que cada una de las organizaciones o grupos del SRI se hubieran hecho cargo de uno o más huérfanos o viudas dando como resultado un trabajo abrumador para el C. de Santiago que no logró fortalecer en cada campaña sus cuadros de organización y ayuda.171

Por otra parte, las fuerzas represivas también contaron con la solidaridad, cuya campaña fue impulsada por las Milicias Republicanas y el Diario Austral de Temuco, para recolectar dinero para los servidores del orden público que habían caído en Lonquimay. La suma que da cuenta el Diario Austral del 23/7/34 es de $ 27.516,05. A su vez, la sociedad de Fomento Agrícola en un día juntó $ 750. Pero lo que es una abierta recompensa a toda la tropa, es el obsequio que los viajantes de Chile hacen al Comandante del cuerpo de carabineros de Cautín:

"Sr. Fernando Délano Sorucco, Comandante del Cuerpo de Carabineros de Cautín. Temuco.
El Directorio de la Junta Local de la Asociación Viajantes de Chile acordó en su sesión de hoy felicitar y aplaudir a Ud., a los señores oficiales y tropa de su

digno mando por la enérgica acción desarrollada en los dolorosos sucesos ocurridos en Ranquil, Lolco y otros lugares circunvecinos.

Reconociendo los sacrificios hechos por Ud., oficiales y tropa a su mando en esas regiones intransitables en esta época y como una demostración de simpatía a los guardadores de la vida y propiedad de los habitantes, los componentes de esta Junta Local, ponen a su disposición tres corderos y 200 empanadas para que se sirva obsequiar a la tropa que participó en las fatigas e incertidumbres de momentos dolorosos.

Quiera Ud. señor Délano aceptar esta modesta pero sentida demostración que los viajantes de Temuco ofrecen a los abnegados servidores de la Nación.

Saludan a Ud. atentamente y con todo respeto Ss. Ss. - Claudio A. Pacheco A., presidente.- Ricardo Schiele E., Secretario".172

Viudas y huérfanos de Ranqui

Conclusiones

Con lo que se ha tratado de reflejar en las páginas precedentes, es posible señalar que las diferentes lecturas históricas realizadas sobre Ranquil, predomina la tendencia a convertirlas en fuente de concientización, utilizada por la clase social o grupo de ella, que hegemoniza el poder en nuestro país. Así la historia de Ranquil que queda en la superficie es la que aparece en el primer contacto con el problema. Se usa como instrumento que solo narra los acontecimientos y además, desde el punto de vista del vencedor. En otras palabras, la historia se nos presenta en una acción que tiende por si misma a su propio fin (entelequia), en que domina el subjetivismo del historiador y, las posiciones de poder y/o filosóficas, determinan el análisis e interpretación histórica.

La historia de los vencedores durante siglos, fue la única válida y se convirtió en un elemento de dominación capaz de distorsionar la realidad mediante una construcción, en que todo aquello que no obedece al orden jurídico establecido queda marginado y es susceptible de negarse o eliminarse. En Ranquil, tanto en el material de la prensa oficialista como en la literatura que asume la defensa de los hacendados y la represión, domina esta situación en que se hegemoniza una interpretación de los hechos, la que pasa a ser aceptada como real y verdadera. Se crea un flujo de información dominante que influye, no solo en la opinión pública, sino que también en los intelectuales y prensa no oficial. El propio testimonio de Emerlina Sagredo es elocuente: "y se levantó una calumnia histórica que incluso ha sido recogida, tiempo después, por la propia prensa de izquierda".

Solamente a partir del SXIX empezó aparecer otra historia, la de los vencidos o dominados, que no solo ha debido luchar contra una tradición de interpretación histórica dominante de la cual resulta difícil liberarse, pues, las propias fuentes disponibles se han oficializado. Usarlas, puede conducir a una construcción semejante a la ya realizada sobre el hecho, por la ideología imperante. Las fuentes que no favorecen la construcción por ella concebida, son inaccesibles. Pues, es necesario contar con autorización para revisar archivos de ministerios o instituciones, además de indicar el motivo de la indagación. Tal es el caso para acceder a los "partes policiales" sobre Ranquil por ejemplo. Encontrar fuentes alternativas que están en poder de grupos populares y sus organizaciones, es una excepción. Casi siempre, de difícil ubicación por estar dispersas. Esta situación se da en la investigación realizada sobre los hechos de Ranquil.

Desde un punto de vista general se puede constatar que el uso de la violencia ha sido una situación recurrente para lograr constituir la propiedad agrícola, expresada en la hacienda. Primero, con una ocupación de hecho de las tierras, y luego, rápidamente, incorporadas jurídicamente mediante títulos de dominios. Cuando estos son dudosos, se legisla para resolver situaciones particulares o, mediante la vía de Decretos con Fuerza de Ley, que sobre la base de una interpretación de la Ley, modifica lo obrado. Tal es el caso de Ranquil, en que la restitución de un decreto permite a los hacendados reclamar las tierras y recurrir al empleo de la fuerza para el desalojo de los campesinos y colonos pobres en los fundos del Alto Bíobío:

"... Siendo ilegal la suspensión de efectos del decreto Nº 3871 de 14 de Agosto de 1929, e ilegales, también los actos posteriores a que US se refiere, por estar en su origen, ES PROCEDENTE SU DEROGACION".

El problema del desalojo, permanentemente negado por la autoridad, en los hechos se produjo con la utilización de la fuerza pública y en conocimiento de la autoridad civil central, como lo demuestra el telegrama del Presidente Alessandri al Diputado Huenchullan.

El desalojo, provoca una situación de resistencia espontánea a abandonar la tierra, la casa, las cosechas. Resistencia, que en el desarrollo de los acontecimientos adquiere diferentes manifestaciones, que demuestran al interior de los colonos pobres, campesinos e indígenas, diferentes grados de desarrollo político y capacidad de organización para enfrentar la represión. Es así que el grueso de los "sublevados" se entrega a las fuerzas del comandante Délano y, solo un reducido grupo se enfrenta en el Puente Ranquil a las fuerzas del orden.

La represión que se realiza, compromete, no solo a las fuerzas de orden, sino que también se cuenta con el concurso de civiles organizados en las milicias republicanas: "Milicia Republicana mantendrá el orden en el fundo Mulchen" (Diario Austral 6/7/34), y en las guardias blancas dirigidas por un subdelegado. Represión que terminó en una "masacre" de más de un centenar de colonos pobres e indígenas y, en una "cacería" que permitió detener a unas 500 personas. "Masacre" y "cacería" que provocó una disgregación de la población en todo el sector del Alto Bíobío, algo semejante a lo sufrido por el pueblo araucano con la acción del conquistador primero, y luego con la del chileno republicano.

Como causales remotas de los sucesos de Ranquil podemos señalar:

- La legislación indígena que priorizó la colonización de extranjeros y militares en las tierras de indígenas.

- La definición de la cuestión de límites entre Chile y Argentina, que obligaba a Chile a recibir y entregar tierras a la población que quisiera estar en territorio nacional.
- La permanente acción de los colonizadores y terratenientes a desalojar a indígenas y colonos pobres.
- La vaguedad de las leyes de colonización y la falta de entrega de títulos de asentamiento.

La causa directa que mayor relevancia adquiere es el desalojo que realizaron "20 carabineros al mando del capitán Luis del Fierro Herrera.

Aunque es necesario profundizar en el estudio de Ranquil unido el cuadro político general del país, es posible adelantar que los sucesos de Ranquil se utilizan como pretexto para generalizar la represión al conjunto del movimiento popular, deteniéndose a dirigentes en San Felipe, Concepción y Santiago, allanándose el Congreso de la FOCH y el Diario La Opinión, entregándose orden de detención contra Lafertte y otros dirigentes. Para justificar esta represión más allá del fundo Ranquil se generaliza la acusación de "sublevación" o "revolución" al resto del país:

> *"350 comunistas preparaban una huelga general revolucionaria en todo el país"*
> *"Revolución social estaban planeando los dirigentes de extrema izquierda".*
> *(Diario Austral 6/7/1934).*

En cuanto al uso de la violencia y como opera, es posible concluir:

- La protesta o reivindicación así como la propia organización de campesinos y trabajadores se la identifica con una estrategia de subversión.

  "¨ ¿Cuál es el plan que se proponen desarrollar los facciosos de Lonquimay? Parece, en realidad que no se trata solo del simple propósito de apoderarse de unas cuantas hectáreas de suelo, pues las tienen inmediatas a los fundos asaltados sino que de promover serios disturbios y asonadas con el objeto de producir un estado de inquietud en las poblaciones" (Diario Austral 29/6/1934).

- La clase dominante, en este caso los terratenientes, reclaman de la autoridad medidas drásticas para terminar con las "huelgas revolucionarias" o peligroso "connato" subversivo a lo que finalmente se accede.

  "El Gobierno, ante las atrocidades que han continuado cometiendo los sublevados de Lonquimay, ha resuelto adoptar, de una vez por todas, las más enérgicas medidas para terminar de raíz con el alzamiento armado que se ha producido en aquellas lejanas regiones". (Diario Austral, 3/7/34).

- La solicitud a reprimir se realiza mediante la siguiente cadena: se reivindica el derecho a la propiedad; se presiona a la autoridad para que actúe, se acusa de subversión marxista, debilidad o ingenuidad de las autoridades para defender la democracia y la libertad;

medidas de coerción; represión focalizada y luego generalizada.

- El empleo de la fuerza represiva acta bajo la consideración de un interés supuestamente general que hay que defender por el bien común.

"En las desoladas regiones de Lonquimay, el orden fue alterado, saqueada la propiedad privada, asesinados los ciudadanos, violadas las mujeres. Y como si ello fuera poco, se llegó hasta la mutilación de los cadáveres.
(Gaceta de los Carabineros de Chile N§ 38, 26/7/34).

- La idea de fuerza está concentrada en una institución represiva denominada de orden público.

"No nos corresponde pronunciarnos sobre las actividades represivas desarrolladas por la Institución, la oportuna, enérgica y serena actitud de tropas de carabineros que sofocaron a poco de estallar, esa manifestación del bandidaje.
(Gaceta de los Carabineros de Chile, Nº 38, 26/7/1934).

- La violencia de los grupos dominantes es considerada como un hecho coyuntural, aislado y circunstancial, por lo que, la acción violenta de los grupos dominantes no acredita el uso de la fuerza contra ellos. Incluso, el uso de recursos legales establecidos en el propio orden jurídico. Tal es el caso del escrito presentado al juez militar, por el abogado señor

Gerardo Ortúzar Riesco. En él se acusa de numerosos delitos cometidos por Carabineros los que no fueron investigados.

- La prensa y propaganda de los grupos dominantes, crean una imagen que hace que aquel que realiza un acto de violencia es una persona utilizada por protagonistas ocultos. Entonces se séala que en Ranquil, los colonos están bajo la influencia de Juan Leiva Tapia el que obedece órdenes desde Moscú.

> *"Las fuerzas del orden se han impuesto contra directivas de Moscú en Ranquil" (Diario Austral 30/6/1934).*

Biografía: Juan Segundo Leiva Tapia

Juan Segundo
Leiva Tapia

Juan Segundo Leiva Tapia, casado (Valentina Muñoz Sáez), dos hijos (Renalda y Juan Lenin), nació el 30 de junio de 1987, en el pueblo de Chosmodal, tierra de Neuquen, Argentina. Sus padres ingresaron a Chile por el paso cordillerano del valle Lonquimay en 1905 y, murieron cuando Leiva Tapia era un niño. Quedó al cuidado de doña Candelaria Ramos a quién conoció como madre legítima. Es lo que consta en el Documento de Identidad firmado por el notario de Victoria, Sr. Maximiliano González173.

Cuenta Elías Lafertte, que Juan Leiva Tapia, en su participación del Congreso de la FOCH, celebrado en el Sindicato de choferes en calle Cummings se mostró "como un hombre cultivado que argumentaba admirablemente y hablaba con lógica y al mismo tiempo con pasión. Había estudiado en el Instituto Pedagógico " donde se tituló como profesor de Castellano, además, en las reseñas biográficas publicadas en los diarios de la época, aparece con tercer año de estudios en leyes. En este congreso es comisionado junto a Lafertte, Juan Chacón Corona, Pedro Pacheco (uno de los dirigentes del movimiento de la marinería del año 1931) y el peruano Elías Tovar, a participar en una conferencia nacional del Comité, Antiguerrero, la que debía prepara una reunión continental y que se verificaría en Montevideo 174. Para viajar, Leiva Tapia pasa a Argentina por el paso de Lonquimay. En Buenos Aires se reúne con el resto de la comitiva. Elías Lafertte y Leiva Tapia son detenidos al ingresar a Uruguay y después de 20 días, son embarcados en el vapor inglés "Losada" con destino a Punta Arenas. Aquí, agentes de Investigaciones los desembarcan y conducen a la cárcel:

> *"... Sánchez, el Jefe de Investigaciones nos dijo...Resulta que el Gobierno acaba de obtener Facultades extraordinarias del Congreso y he recibido órdenes de detenerlos, porque se les va a relegar.*
>
> *Después de tres días en la cárcel nos separaron un día del mes de mayo de 1933. A mí me mandaron a Porvenir en Tierra del Fuego, y a Leiva Tapia lo relegaron a Melinka. Esta fue la última vez que lo vi".175*

Así como Elías Lafertte y Juan Leiva Tapia, otros delegados también fueron impedidos de ingresar a Uruguay resultando un Congreso pobre en su concurrencia, como lo señala una publicación de la FOCH de 1933, referida a la "Situación de la clase obrera en América Latina" (Confederación Sindical Latinoamericana -CSLA-)

Reaparece Leiva Tapia, el año 1934 en el Congreso de la FOCH, realizado en el teatro "Selecta" en la calle Chacabuco. Después vienen los sucesos de Lonquimay donde muere. Según el Diario Austral de Temuco176, Leiva Tapia fue muerto en una casa donde se refugió, pero al día siguiente, el 4 de julio de 1934, el mismo diario modifica la noticia anterior, señalando que Leiva Tapia había sido capturado y que estando dispuesto a denunciar a sus compañeros encabezó la columna de carabineros como guía. Al llegar a un puente denominado Angostura, fueron emboscados por los "amotinados", los que dan muerte a Leiva Tapia. El combate duró hasta las 11:30 de la noche "... no se puede precisar al aclarar el día, cuantos sediciosos habían caído, porque todos los cadáveres, incluso el de Leiva Tapia había desaparecido durante la noche... Y en el fondo del río Ranquil descansa ahora el ejecutor del levantamiento de Lonquimay177

Sin embargo la versión del periódico Defensa, dice: "Juan Leiva Tapia lo encontraron en su propia casa, durmiendo; lo flagelaron bárbaramente, en seguida lo ataron de un brazo al pigual de un caballo llevándolo al trote atravesando el río Ranquil, llegando con él hasta orilla del Llanquen, donde fue asesinado bárbaramente, torturándolo hasta que exhaló el último suspiro" 178.

Participantes en los sucesos del Alto Bíobío

Sofía Cisterna

José M. Figueroa

José A. Sagredo

Manuel Astroza

Clementina Sagredo

Margarita
Ramírez

El conflicto en el campo no ha terminado

Al revisar la prensa (El Mercurio, La Tercera de la Hora; Las Ultimas Noticias; el Siglo, entre septiembre y diciembre de 1991) podemos hacer una síntesis que deja al descubierto una vez más el conflicto político y social en el campo:

- Los mapuches ocuparon un campus universitario en Temuco y un pequeño fundo en Traiguen. También protagonizaron una marcha por el centro de Temuco. Aucan Huilcaman, mensajero del Consejo de Todas las tierras, declaró que los mapuches continuaran "recuperando tierras usurpadas, incluso sobre la legalidad vigente por cuanto las leyes que permitieron la usurpación fueron elaboradas a espaldas del pueblo mapuche". En la marcha por el centro de Temuco participaron unos mil mapuches, adheridos a esta organización, que manifestaron su rechazo a la celebración del 12 de Octubre y los 500 años del descubrimiento de América. Días antes los mapuches se tomaron los fundos "Santa Elena" en Pillalelbun, del cual fueron desalojados y detenidos doce mapuches, y la toma del fundo "Lobería", de donde se retiraron pacíficamente. El día 11 de Octubre, unos 50 estudiantes mapuches de la agrupación universitaria "Nueva Búsqueda" ocupó durante medio día el Campus Andrés Bello de la Universidad de La Frontera en rechazo a los festejos del 12 de Octubre. En Alto Comuy, sector de Traiguen, diez mapuches ocuparon un fundo siendo desalojados por carabineros.

Ante tales acciones, el intendente Fernando Chuecas expresó que hará respetar la ley, sin importarle los costos políticos. Sin embargo, al visitar el fundo Lobería dijo que la ocupación obedecía al propósito de recuperar tierras.

- En Temuco, una marcha (11/10/91) fue convocada por mapuches chilenos y argentinos, y sus dirigentes lograron acuerdos en torno a establecer una bandera común el 1992, celebrar el 24 de Junio, Día del Año Nuevo Mapuche, y apoyarse mutuamente en la tarea de recuperar sus tierras.

- El presidente del Senado, Gabriel Valdés, condenó la ocupación de tierras y se manifestó a favor de la propiedad privada. Denunció que existe una conducción política radicalizada que quiere aprovechar la inquietud natural de tales comunidades para excitarlas (El Mercurio 12/10/91).

- Un guillatún, celebraron en el centro de Temuco grupos mapuches de la organización Casa del Arte Mapuche en rechazo a la celebración del 12 de Octubre. Al efectuar una marcha, fueron reprimidos por carabineros con gases lacrimógenos y golpeados. También fueron detenidos seis estudiantes y dirigentes mapuches, entre ellos el escritor Leonel Lienlaf. El subdirector nacional de la Comisión

Especial de Pueblos Indígenas, Víctor Hugo Painemal, calificó la acción represiva "como una acción enteramente desproporcionada y violenta contra un grupo de hermanos mapuches, que habían realizado un guillatún en forma pacífica".

- José, Santos Millao, dirigente de Ad Mapú, declaró que "esta represión contra los mapuches fue mucho m s violenta que en los tiempos de la dictadura de Pinochet".

- Las seis organizaciones mapuches que integran la Comisión Especial de Pueblos Indígenas, rechazaron tajantemente la toma de terrenos en la IX Región. En una declaración conjunta (entre cuyos firmantes se encuentra Ad Mapu) señalaron que "El movimiento mapuche no puede compartir la actitud oportunista de sectores minoritarios que pretenden hacer sensacionalismo para hacerse propaganda vía acciones de hecho, las que tácitamente perjudican a nuestro pueblo".

- En Santiago, el Consejo Nacional de Pueblos Indígenas y la Coordinadora Metropolitana Mapuche organizaron una marcha desde la Estación Mapocho hasta el Cerro Santa Lucía. Allí efectuaron una rogativa. El dirigente José, Cayunao manifestó¢ que "la pobreza de nuestro pueblo está dentro de los 5 millones de pobres que hay en Chile y la toma de fundos es consecuencia de la pobreza". La marcha fue autorizada por la Intendencia (El Mercurio 13/10/91).

- En Concepción, cinco mapuches integrantes del grupo Pegun Lugun fueron detenidos por carabineros al intentar arriar la bandera de España junto al monumento a Pedro de Valdivia.

- En la ciudad de Valdivia, el grupo universitario mapuche Maricheweu emitió una declaración en la que expresan: "A

499 años de la llegada del español, los pueblos originarios seguimos resistiendo". Unos 30 estudiantes efectuaron una manifestación durante los festejos del Día de España. (El Mercurio 13/10/91).

- Al 30 de enero de 1992, nos encontrábamos con la siguiente orden de desalojo:

  "Ordenado el desalojo en Quinquén" "Gran agitación se vivía ayer en el sector de Quinquen, luego que la sociedad Galletu, activó orden de desalojo contra las 22 familias pehuenches que allí residen" (La Época, 30/11/1992)

Como el Gobierno asumió una actitud favorable a estas 22 familias se logró suspender el desalojo:

"Juez subrogante de Curacautínaplazó hasta el lunes la orden para conocer recurso interpuesto por abogado de los pehuenches. "EL Mercurio 1/2/1992)

Finalmente se logró un acuerdo con la sociedad Galletu, comprándosele el 70% del predio para constituir un Parque Nacional en el valle de Quinquén, así mantener los pehuenches en sus tierras. Pero esta solución no les reconoce la calidad de dueños de la tierra. Permanecer en tierras fiscales que algún día pueden ser enajenadas por el Estado, por tanto, reiniciarse el problema para los pehuenches. Por el momento está pendiente el traslado de 4 familias que quedaron en los terrenos no adquiridos por el Estado.

Referencias/Citas

1 Don Víctor Quiles Bianchi, Cónsul de Chile en Neuquén escribía al Gobierno: "Las ventajas acordadas por el Gobierno de la vecina República a los que llegan a radicarse a su territorio hace que millones de nuestros compatriotas afluyan aquí en busca de ocupaciones que les proporcionen lucrativo bienestar". El cónsul calculaba en 25 mil los chilenos que vivían en esa región argentina. (El Mercurio, 27 abril de 1921)

2 "En Neuquén vivían alrededor de 30 mil chilenos, los cuales eran dueños de aproximadamente 160.000 cabezas de ganado; de estos se repatriaron entre 8 y 10 mil; los restantes se argentinizaron rápidamente bajo la presión de las autoridades argentinas". (Nota del Editor) "La verdad sobre la revuelta de Ranquil"; Harry Fahrenkrog Reinhold, 1985, pág. 20.

3 Revista "Ramona", 4 de abril 1972

4 La Opinión 20/6/34

5 La Opinión, 3/7/34

6 Hoy, 5/7/34

7 La Ley, 11/7/34

8 Diario Austral de Temuco, 30/6/34 9Diario Austral de Temuco, 1/7/34 10El Mercurio, 29/6/34

11 El Diario Ilustrado, 23/6/34.

12 La Nación, 29/6/1934

13 La Revista del Sur, Concepción, febrero 9 de 1881

14 Diario de La Tarde, 21/12/1912

15 La Renovación, Valdivia, 20/2/1925

16 "Territorio mapuche huilliche de Osorno y Legislación. Historia de un despojo. Raúl Molina O."

17 El Siglo, 22/7/1941

18 Rafael Molina, "Territorio Mapuche-Huilliche de Osorno y legislación Historia de un despojo", pág. 90

19 El Mercurio 12/10/91

20 El Mercurio 13/10/91

21 El Mercurio 13/10/91

22 La Época, 30/11/1992

23 EL Mercurio 1/2/1992

24 Actas del Cabildo, en Historiadores, Vol. I, pág. 417-418-435-436.

25 Thayer Ojeda, Tomas, Santiago, 1905, pág. 17.

26 Actas del Cabildo, en Historiadores, Vol. I, 1861, pág. 571.

27 Una encomienda, según el significado que se le dio en la colonización de la América española, era la dadiva que hacia el rey o se hacía en su nombre, de un número de indios y de las tierras habitadas por ellos, como recompensa a los servicios en la conquista.

28 Los manuscritos han sido descifrados y publicados con el título Actas del Cabildo, como parte del Vol. I de la colección de Historiadores de Chile.

29 Actas del Cabildo, en Historiadores, Vol. I, pág. 602 - 603.

30 Mario Góngora, Encomenderos y Estancieros, pág. 6 - 7.

31 Cartas de don Pedro de Valdivia al Emperador Carlos V, en Historiadores,Vol. I, pág.23.

32 Nombre castellanizado. Su verdadero apellido era Blumenthal.

33 Mc. Bride, M. Jorge, Chile, su tierra y su gente, pág. 78.

34 Mc. Bride, M. Jorge, Sistema rural en México, 1923, pág. 51.

35 Lizardo Valenzuela. El Corregimiento de Colchagua, 1929, pág. 173-304.

36 Tierras ilegalmente adquiridas, posesión de hecho o mediante desplazamiento de población aborigen.

37 Algunos terratenientes se opusieron a la independencia y le fueron confiscadas sus propiedades (Amunátegui Solar: Mayorazgos, Vol. I, 1901- 1904, pág. 16 - 18.

38 "La caída de Bernardo O'Higgins se debió¢ exclusivamente a las clases altas de nuestra sociedad". (Amunátegui Solar; mayorazgos, 1901-1904, vol. I, pág. 19). "La Fronda aristocrática no tarda en derribarlo" (Alberto Edwards, Fronda aristocrática, 1928, pág. 38). "La aristocracia pelucona que derribara a O'Higgins" (la misma obra, pág. 4).

39 Galdámez, Estudios, 1923, pág. 246.

40 Galdámez, Estudios, 1923, pág. 255.

41 Dawson: South American República, 1904, pág. 196-197.

42 Galdámez, Los dos primeros años de la Constitución de 1833, p g. 365-409.

43 Pérez Rosales Recuerdos del pasado 1882, pág. 244-249.

44 Tributo impuesto sobre la transferencia de tierras.

45 Galdámez, Decenio de Montt, 1904.

46 Cabero, Chile, 1926, pág. 193.

47 Sergio Villalobos, Origen y Ascenso de la burguesía Chilena, 1987, pág. 77.

48 Sumario de las actividades de la Sociedad Nacional de Agricultura, 1924.

49 El Mercurio, 4 de Enero de 1934, pág. 3.

50 Boletín de Servicios Agrícolas, 1925, pág. 226; 1926, pág. 823.

51 Armando Mattelart y otros, La ideología de la dominación en la sociedad dependiente, 1970, pág. 97 - 101

52 Francisco A. Encina, Historia de Chile, 1983, pág. 54.

53 Para el poblamiento de Chile es posible constatar, entre otras fechas una que se remonta al 10.000 A.C., en las proximidades de San Vicente de Taguas, donde se encontró un Mastodonte cazado

por hombres. Así lo demuestra la existencia de puntas de proyectil y raspadores junto a los restos de dicho animal, hoy extinguido.

54 José, Bengoa. Historia del pueblo Mapuche, 1987, pág. 13-14.

55 Francisco A. Encina, Historia de Chile, 1983, pág. 61

56 Francisco A. Encina, Historia de Chile, 1983, pág. 61.

57 José, Bengoa, Historia del pueblo Mapuche, 1987, pág 16.

58 Francisco A. Encina, Historia de Chile, 1983, pág. 63 a 79.

59 Germán Palacios R., Atlas Histórico de Chile, 1982, pág. 19-21-23.

60 José, Bengoa, Historia del pueblo Mapuche, 1987, pág. 24.

61 Padre Rosales, Historia del Reino de Chile.

62 José, Bengoa. Historia del pueblo Mapuche, 1987, pág. 34. Cita a Juan Gualberto Valdivia, Fragmentos para la Historia de Arequipa, Lima, 1918.

63 Germán Palacios Ríos, "Atlas Histórico de Chile", Edt. Santillana, Santiago, Edic. 1°,

64 Idem op.cit.

65 Idem op.cit.

66 José, Bengoa. Historia del pueblo Mapuche, 1937, pág. 62

67 Antes el toqui era elegido para conducir en la, desaparecida esta, el toqui cesaba en sus funciones

68 José, Bengoa, Historia del pueblo Mapuche, 1987, pág. 68.

69 "Señalemos algunos ejemplos. Los generales Cruz y Bulnes habían adquirido grandes extensiones de tierra en la Isla Vergara, cerca de Nacimiento. En 1846 ambas propiedades fueron vendidas a don Rosauro Díaz, comerciante de esa localidad...En 1850 el cacique angolino, Juan Colina, de la localidad de Pello Manco, cedió sus terrenos de Maitenrehue al teniente coronel don Bartolomé Sepúlveda, gobernador del departamento de Nacimiento", José, Bengoa, Historia del pueblo Mapuche, 1987, pág. 157- 158.

70 El coronel Saavedra llegó a tener unas 4 mil cuadras de terreno, prácticamente todo lo que hoy es el departamento de Mulchen. Las había recibido en pago de $15000 que le debía un particular.

71 José, Bengoa, Historia del pueblo Mapuche, 1987, pág. 174.

72 José, Bengoa, Historia del pueblo Mapuche, 1987, pág 294.

73 Francisco A. Encina, Historia de Chile, 1984, pág 112.

74 Francisco A. Encina, Historia de Chile, 1984, pág. 113.

75 Francisco A. Encina, Historia de Chile, 1984, pág. 114

76 José, Bengoa, Historia del pueblo Mapuche, 1987, págs. 374-377. Se presenta una extensa lista sobre hechos de violencia extraídos de una lectura de diarios regionales, entre 19910 y 1930

77 Juan E. Contreras, Violencia y Criminalidad en la Araucanía 1866-1910, 1991, pág 33.

78 Carta de Faustino Quilahueque a un amigo, fechada en noviembre de 1861, en Perquenco.

79 Declaración firmada por 20 vecinos, entre los que se cuenta a Domingo de
la Maza, Rafael Anguita, Martín Bunster y el presbítero Marcos Rebolledo. Jaime Quezada, La Frontera, 1973, pág 19.

80 José, Bengoa, Historia del pueblo Mapuche, 1987, págs. 178, 179 y 257.

81 Señalaba que "contribuirán con su laboriosidad al fomento de los pueblos de la Frontera". Documento relativo a la ocupación de Arauco, 1870.

82 Jaime Quezada, La Frontera, 1973, pág. 26.

83 Patricio Manns, Actas del Alto Bíbío, 1988, pág 24-25.

84 En 1934, en los sucesos de Ranquil, lo encontramos como Presidente del Sindicato Agrícola de Lonquimay.

85 El Diario Austral de Temuco, 4 de julio de 1934, pág. 1.

86 Abigeato: Atropello a la propiedad indígena y a las personas

87 Jaime Quezada, La Frontera, 1973, pág.64

88 Jaime Quezada, La Frontera, 1973,

89 Jaime Quezada, La Frontera, 1973,

90 Jaime Quezada, La Frontera, 1973, pág.54 - 57.

91 Amunátegui Solar: Encomiendas" Vol. II, apuntaciones y documentos, pág. 137.

92 Amunátegui, Miguel Luis: "Precursores de la Independencia de Chile", Vol. II, 1909 - 1910, pág. 485 - 491.

93 Mc. Bride, M. José,: "Chile su tierra y su gente", ICIRA, 1973.

94 El Agricultor, mayo 1920, pág. 113

95 Los textos de ambas cartas (Sociedad Nacional de Agricultura-Presidente Alessandri), están publicadas en la Revista "El Agricultor, mayo de 1921, págs. 88-91.

96 Ramírez Necochea Hernán, Origen y formación del Partido Comunista de Chile, 1965, pág. 214 - 217

97 Susana Bruna: "Chile: las luchas campesinas en el S XX", Historia Política de los campesinos Latinoamericanos, S XXI, pág. 84.

98 Diario La Opinión, 4 julio 1934.

99 "El antiguo problema de las tierras fiscales", periódico La Renovación, Valdivia, 20/2/1925, pág. 3.

100 Introducción del Decreto N§ 4770, que crea el Ministerio de la Propiedad

Austral, 31/10/1920. Diario Oficial del a República de Chile año LII Nº 15513, 4/11/1920, pág. 6143.

101 El Ministerio de la Propiedad Austral por DFL Nº 243 del 15 de mayo de 1931, pase a denominarse Ministerio de Tierras y Colonización. En 1980 cambió su nombre por el de Ministerio de Bienes Nacionales.

102 Decreto Nº 171 del 8/3/1929; Ley Nº 4660 del 23/9/1929.

103 Harry Fahrenkrog, "La verdad sobre la revuelta de Ranquil", Edit. Universitaria, 1º Edición, 1985, págs. 34 – 35

104 Boletín del Comité Central del Partido Comunista, Nº 4, Stgo. febrero 1933, pág. 4.

105 Idem, pág. 7

106 Ídem, pág. 8

107 Elías Referte: "Vidas Ilustres", Austral, Stgo., 2° Edición, 1971, pág. 274-275.

108 Diario Austral, 9 de julio 1934

109 Don Víctor Quiles Bianchi, Cónsul de Chile en Neuquén escribía al Gobierno: "Las

ventajas acordadas por el Gobierno de la vecina República a los que llegan a radicarse

a su territorio hace que millones de nuestros compatriotas afluyan aquí en busca de

ocupaciones que les proporcionen lucrativo bienestar". El cónsul calculaba en 25 mil

los chilenos que vivían en esa región argentina. (El Mercurio, 27 abril de 1921)

110 "En Neuquén vivían alrededor de 30 mil chilenos, los cuales eran dueños de aproximadamente 160.000 cabezas de ganado; de estos se repatriaron entre 8 y 10 mil; los restantes se argentinizaron rápidamente bajo la presión de las autoridades argentinas" (Nota del Editor) "La verdad sobre la revuelta de Ranquil"; Harry Fahrenkrog Reinhold, 1985, pág. 20.

111 "Algunos antecedentes legales de los sucesos del Alto Bíbío", Tomás Chadwick, periódico "Llamas" del 10de agosto de 1934, pág. 9.

112 Diario La Opinión 1/7/34.

113 Diario Austral de Temuco, 22/7/34

114 La sublevación campesina de la Frontera", revista "Hoy", Nº 137, 6/7/34. pág. 5.

115 "Los sucesos de Lonquimay derivan de una vieja cuestión de tierras", Diario Austral de Temuco, 11/7/34.

116 "Los sucesos del Alto Bíobío; Diputado Huenchullán", 1934, pág. 26-27.

117 La Opinión, 3/7/34.

118 "Fueron lanzados de Nitrito", Diario Austral de Temuco, 20/7/34.

119 "Bíobío Sangriento", Germán Troncoso G., imprenta de Carabineros, septiembre 1974. pág. 33.

120 Entre las páginas 33 y 36, el sargento primero, Germán Troncoso, narra el procedimiento de los lanzamientos. Los nombres como capitán Luis del Fierro o teniente Cabrera, son reales, o del propio cabo Bascuñán al que se refiere en la página 36 y cuya foto está en las primeras páginas del libro y a cuyo pie de foto se lee "Cabo Rafael Bascuñán". "Bíobío Sangriento". Germán Troncoso G., Imprenta de Carabineros, septiembre 1974. (La presentación del autor la hace el Teniente Coronel de Carabineros señor Diego Miranda Becerra).

121 Telegrama al Intendente de Cautín. Diario Austral de Temuco, 29/6/34.

122 "Los sucesos del Alto Bíobío; diputado Huenchullán", Arturo Huenchullán Medel, imprenta Selecta, pág. 21-22.

123 Idem, page. 26-27.

124 Idem, page... 27

125 La Opinión, 3/7/34.

126 La Opinión 4/7/34.

127 "Los sucesos de Lonquimay derivan de una vieja cuestión de tierras"; Diario Austral de Temuco, 1/7/34.

128 "La verdad sobre la revuelta de Ranquil", Harry Fahrenkrog R., 1985, p g. 47.

129 Los diarios ya citados, entregan información relativa a este tipo de hechos. El propio Sargento 1er., Germán Troncoso, en su libro "Bíobío Sangriento", reconoce la quema de casas. Los testimonios de testigos de los sucesos de Ranquil, como Ismael Carter y de Emelina Sagredo también confirman hechos de esta naturaleza y que fueran publicados por la Revista "Ramona" del 4/4/72.

130 La participación del cacique Ignacio Maripi, se constata en el periódico "Defensa", Temuco, 2/12/35, en el que se denuncia la tortura a que fue sometido, "... le sacaron los ojos, le cortaron la lengua y las orejas, hasta dejarlo examine". (pág. 4).

131 Diario Austral de Temuco, 1/7/34.

132 "Vidas ilustres", Elías Lafertte, Edit. Austral 971, pág. 276.

133 La Opinión, 23/8/34

134 La Opinión, 23/8/34.

135 Diario Austral del Temuco, 8/7/34.

136 Diario Austral del Temuco, 8/7/34.

137 La Opinión, 23/8/34.

138 La Opinión, 23/8/34.

139 "Ranquil, entre la sangre y la esperanza", revista Ramona, Nº 23. 4/4/72.

140 Gaceta de los Carabineros de Chile, publicación oficial Nº 38. 26/7/34. pág.1

141 "Informe del Sr. Director General de Carabineros al Sr. Ministro del Interior sobre los sucesos del Lonquimay", publicado en la Gaceta de los Carabineros de chile, publicación oficial Nº 38, 26/7/34 p g. 9-10.

142 "Aviadores de Moquegua fueron a explorar Lonquimay y el Valle", Diario Austral de Temuco, 29/6/34.

143 "Húsares de Angol al sitio del suceso" Diario Austral del Temuco, 3/7/34.

144 "Ranquil, entre la sangre y la esperanza", revista Ramona Nº 38, 4/4/72.

145 "Bíobío Sangriento", Germán Troncoso G, imprenta de Carabineros septiembre 1974, pág. 192.

146 Referencias a la "Guardia Civil" y "Milicias Republicanas" las hay en el libro "Bíobío Sangriento", págs. 111 a 113; en el Diario Austral de Temuco del 6 y 14 de julio de 1934; en la Gaceta de los Carabineros de Chile del 26/7/34, pg. 15.

147 "Se organiza la defensa", Diario Austral de Temuco, 29/7/34.

148 "Puente Ranquil" Diario Austral de Temuco, 12/7/34.

149 "Ranquil, entre la sangre y la esperanza", revista Ramona Nº 23, 4/4/72.

150 Ídem

151 "Los sucesos de Alto Bíobío; Diputado Huenchullán", 1934, pago. 20.

152 "Bíobío Sangriento", Germán Troncoso, 1974.

153 Escrito del Abogado Sr. Gerardo Ortuzar Riesco, al señor juez militar; publicado en el periódico "Llamas", del centro de Derechos de la Universidad de Chile, Santiago, 10/8/34.

154 "La represión de los campesinos de Lonquimay", Periódico "Defensa" 2/12/35.

155 Diario Austral de Temuco, 7/7/34.

156 Diario Austral de Temuco, 5/7/34.

157 "Se escaparon los prisioneros", Diario Austral de Temuco, 9/7/34. 158Telegrama enviado a la dirección General de Carabineros y publicado por el Diario Austral de Temuco del 6/7/34.

159 "Años de lucha", José, Vega Díaz, Impresora Horizonte, 1962.

160 Diario Ilustrado, 12/7/34.

161 La Opinión 5/6/34

162 "Allanamiento y asalto a la Opinión", Zigzag, N§ 1529, 13/7/34; "El asalto y empastelamiento de La Opinión", "Hoy", Nº 138, 13/7/34.

163 "Allanamiento y asalto a La Opinión", Zigzag. Nº 1529, 13/7/34.

164 "Cincuenta y siete detenidos complicados en la revuelta de Lonquimay", Diario Austral de Temuco, 14/7/34.

165 Sentencia de primera instancia dictada por el Ministro en Visita, de la Ilustrísima Corte de Apelaciones de Temuco, don Franklin Quezada Rogers, "Bíobío Sangriento", Germán Troncoso, 1974, págs. 231-237

166 Ídem.

167 Ídem

168 "Llamas", Centro de Derecho Universidad de Chile, N§ 1, Santiago, 10/08/1934.

169 "Llamas", del centro de Derecho de la Universidad de Chile, Nº 1, Santiago, 1 de Agosto 1934.

170 "El Diario Austral", 6 de Agosto de 1934.

171 "Defensa", Nº1, 23 de Marzo de 1935. "El Diario Austral" 15 de Julio de 1934.

172 El Diario Austral" 15 de Julio de 1934.

173 Diario Austral de Temuco, "Leiva Tapia el cabecilla de los sucesos del alto Bíobío", 3 julio 1934.

174 Elías Lafertte: Vidas Ilustres", Austral, Sgto., 2¦ Edición, 1971, p g. 255-256

Ídem, p g. 268 – 269. Ídem, p g. 268 - 269

175 Ídem, pág. 268 - 269

176 Diario Austral de Temuco, "Como murió Juan Leiva Tapia", 10 julio 1934.

177 Diario Austral de Temuco, 11 de julio 1934.

178 Periódico defensa, "La Represión de los campesinos de Lonquimay", 2 diciembre 1935, pág. 3

Bibliografía

Obras Generales

* A.J. Taylor - R. Boydan, "Introducción a los métodos Cualitativos de Investigación" (Tr. del inglés por Jorge Piotegorsky), edit., PAIDOS, B. Aires. edic. 1¦, 1986.

* Adelaida Plasencia, (comps.), "Metodología de la Investigación Histórica", México, edit., Quinto Sol S.A.

* F. Engels, "Obras Completas", ti, "La Guerra Campesina en Alemania", (tr. de edit. Progreso), Moscú, edit. Progreso, edic. 1¦, 1974, reimpresión 1986, págs. 167-175.

* Fco. A. Encina, Historia de Chile, edit. Ercilla, 1984.
Domingo Amunátegui Solar, "Historia social de Chile", Stgo., imprenta Nascimiento, 1932.

* Leopoldo Arce G., "La crisis chilena. Estudio político social y económico del país", Stgo., imprenta La República, 1932.

* Ricardo Donoso y Fenor Velasco, "La propiedad austral", ICRRA, Stgo., 1970.

* Alfredo Brown Herrera, "Ensayo sobre el movimiento sindical y el sindicalismo agrícola", Stgo., Memoria de prueba, imprenta La Forma, 1934.

* Vicente Bustos Pres, "Historia de Chile" Stgo., imprenta Nascimiento, 1934.

* Jorge M. Mc Bride, "Chile su tierra y su gente", Stgo., edit. ICIRA, edic. 2§, 1934.

* Francisco Vio Grossi, "Resistencia campesina en Chile y en México" Stgo., edit. Centro el Canelo de Nos, impreso Gráfica Andes, edic. 1¦2, 1990.

* Luis O. Luco, "Los problemas internacionales de Chile. La cuestión argentina. El tratado 1881 y negociación

* posterior", colección Matta Vial, Biblioteca Nacional (22-16).

* Antonio García, "Reforma agraria y Economía Empresarial en América Latina", colección Comor n, Editorial Universitaria, Stgo, Chile, 1967.

* José, Cademártori. "La economía chilena", Stgo., edit. Universitaria, edic. 2¦, 1971, págs. 73-93.

* Hernán Ramírez Necochea, "Apuntes de Historia de Chile", Stgo., edit. Austral, edic. 1972.

* Hernán Ramírez, Necochea, "Origen y formación del Partido Comunista de Chile", edit. Austral, 1965.

* José, Bengoa, "Historia del pueblo mapuche", Stgo., edit.Ediciones Sur, edic. 2¦ 1987, págs. 355-390.

* Jaime Quezada, "La Frontera", Stgo., edit., Quimantú, edic. agosto de 1973.

* Pedro Milos-Marcela Yentzen, "Historia del Movimiento Obrero", Stgo., edit. Centro de Estudios del Trabajo (CETRA-CEAL), impr. Taller El Gráfico.

* José, Bengoa, "Trayectoria del campesinado chileno", Stgo., edit. Grupo de Investigación Agraria (GUIA), edic. 1º, págs. 76-87.

* Sergio Villalobos, "Origen y ascenso de la burguesía chilena", edit. Universitaria, 1987.

* Armand Mattelart y otros, "la ideología de la dominación en la sociedad dependiente", edic. Signos, 1970.

* Almino Alfonso y otros, "Movimiento Campesino Chileno" ICIRA, Stgo. 1970.

* Susana Bruna, "Chile: Las luchas campesinas en el siglo XX" México, edit. Siglo XX, edic. 1, 1985, pág. 84.

* Cuadernillos de Información Agraria, "El pueblo Mapuche": Historia antigua y reciente", Stgo., edic. marzo 1987, págs. 43- 51.
* Hugo Ormeño-Jorge Osses, "Nueva legislación sobre indígenas en Chile", Stgo., edit. Cuadernos de la Realidad Nacional" Nº 14, edic. octubre 1972, págs. 15-41.

Obras sobre Ranquil

* Harry Fahrenkrog, "La verdad sobre la revuelta de Ranquil", edit. Universitaria, edic 1º, 1985.
* Germán Troncoso, "Bíobío sangriento", Stgo., edit. Gertro, edic. 1974.
* Patricio Manns, "Actas del alto Bíobío", Stgo., edit, Meridion, edic. 2¦, 1988.
* Reinaldo Lomboy, "Ranquil", Stgo., edit. Orbe, edic. 4¦ 1958.
* Isidora Aguirre, "Los que van quedando en el camino", Stgo., impr. Mueller, edic. 1970.
* José, Vega Díaz, "Años de Lucha", Stgo., impr. Horizonte, edic. mayor 1962.
* Arturo Huenchullán Medel, "Los sucesos del Alto Bíobío y el Diputada Huenchullán", Stgo., 1934, imprenta Selecta.

Revistas

* Proposiciones: "Chile, Historia y Bajo Pueblo", Gabriel Salazar V., Ediciones Sur, Nº 19, Stgo., pág. 7-16.
* El Agricultor: mayo de 1921, pág. 88-91.
* Gaceta de los Carabineros de Chile: "Los sucesos de Lonquimay"; "Informe del Sr. Director General de Carabineros al Sr. Ministro del Interior sobre los sucesos de

Lonquimay", "Fue grandioso el homenaje que se rindió a los mártires de Guayalí"; "Defensa de la patria contra los agitadores profesionales"; "La jornada de Carabineros"; "Carabineros y la prensa del país", Stgo. de Chile, 26 de julio 1934, Nº 38, pp. 1-28.

* Gaceta de los Carabineros de Chile: "Grandioso homenaje se tributó al personal de la Prefectura de Bíobío", Stgo., 26 de agosto 1934, Nº 39, pp. 73-75.

* Gaceta de los Carabineros de Chile: "Ascensos y premios al personal que se destacó en los luctuosos sucesos del Alto Bíobío", Stgo., 26 de octubre 1934, Nº 41, pp. 29-41.

* Gaceta de los Carabineros de Chile: "Homenaje póstumo al cabo Rafael Bascuñán", Stgo., 26 noviembre 1934, Nº 42, pp. 17-20.

* Hoy: "La sublevación campesina de la Frontera", Stgo.6 junio 1934, Nº137, pp.5-6.

* Zigzag: "Ola de sangre en alto Bíobío", Stgo., 13 julio 1934, Nº 1529.

* Zigzag: "Fijando posiciones doctrinarias", Stgo. 20 julio 1934, Nº 1530.

* La Revista del Sur, Concepción, 9 febrero 1881.

* Olga Uliánova, "Levantamiento campesino de Lonquimay y la Internacional Comunista", Estudios Públicos, Nº 89.2013

Diarios

* El Comercio: "La huelga en el túnel", Curacautín, 22 abril 1934, Nº 324.

* El Comercio: "Viaje de comunistas", Cura cautín, 16 diciembre 1934, Nº 344.

* El Comercio: "Nuevamente los sucesos de Lonquimay", Curacautín 19 mayo 1935, Nº 356.
* El Diario Austral: "80 kilómetros de Lonquimay, fuerzas del orden hicieron frente a los rebeldes", Temuco, 1 julio 1934, Nº 6625.
* El Diario Austral: "Durante cinco horas un puñado de Carabineros combatió¢ a facciosos", Temuco, 2 julio 1934, Nº 6626.
* El Diario Austral: "Cuatro aviones de bombardeo vienen a combatir a rebeldes de Lonquimay", Temuco, 3 julio de 1934, Nº 6627.
* El Diario Austral: "Optimista se mostró el General Arriagada antes de partir a dominar a los facciosos del Alto Bíobío", Temuco, 4 julio 1934, Nº 6628.
* El Diario Austral: "Leader comunista murió¢ en un tiroteo con carabineros", Temuco, 5 julio 1934, Nº 6629.
* El Diario Austral: "Masacre horrible fue la de facciosos en Valle de Guayalí", Temuco, 5 julio 1934, Nº 6629.
* El Diario Austral: "El Senado aprobó¢ un voto de desconfianza contra Pradenas", "350 comunistas preparaban una huelga general revolucionaria en todo el país"; "Era un verdadero arsenal el local de la convención comunista", "Milicia Republicana mantendrá el orden en fundo Mulchen", Temuco, 6 julio 1934, Nº 6630.
* El Diario Austral: "Amotinados de Ranquil se rindieron", "A victoria a disposición de la justicia, llevaron a detenidos", Temuco, 7 julio 1934, Nº 6631.
* El Diario Austral: "Abrumador trabajo ha tenido el Ministro sumariante, Sr. Quezada", Temuco, 8 julio 1934, Nº 6632.

* El Diario Austral: "Sobrepasó¢ los seis mil pesos de colecta para Carabineros", Temuco, 9 julio 1934, Nº 6633.

* El Diario Austral: "Leiva murió haciendo frente a los Carabineros el viernes 20"; "Grandiosa recepción se hará a carabineros que regresan"; "11 reos, cabecillas todos ellos, se encuentra ahora en Lonquimay", Temuco, 10 julio 1934, Nº 6634.

* El Diario Austral: "Una carga de caballería lanzaron los amotinados en Puente Ranquil", Temuco, 12 julio 1934, Nº 6636.

* El Diario Austral: "Falta unidad militar en esta ciudad"; "Cincuenta y siete detenidos complicados en la vuelta de Lonquimay y llegan hoy", Temuco, 14 julio 1934, Nº 6638.

* El Diario Austral: "Los 55 detenidos en Ranquil ingresaron ayer a la cárcel", Temuco, 15 julio 1934, Nº 6639.

* El Diario Austral: "Fue audaz despojo del Gobierno del Sr. Ibáñez el origen de los sangrientos incidentes de Lonquimay" Temuco, 22 julio 1934, Nº 6646.

* El Diario Austral: "Los caciques, Conuepan, hombres de paz", Temuco, 25 julio 1934, Nº 6649.

* La Opinión: "Porque, vivimos un movimiento revolucionario", Stgo., 9 junio 1934, Nº 794.

* La Opinión: "Más de mil obreros del túnel de las Raíces", Stgo., 26/6/1934, Nº 811.

* La Opinión: "Cacería de Colonos iniciada en Lonquimay"; "Enérgico voto de la izquierda de Chile", Stgo., 30 junio 1934, Nº 815.

* La Opinión: "Los sucesos de Lonquimay derivan de una vieja cuestión de tierras"; "Los sangrientos sucesos del alto Bíobío", Stgo., 1 julio 1934, Nº 816.

* La Opinión: "Causales de la tragedia del Alto Bíobío, Stgo., 2 julio 1934, Nº 817.

* La Opinión: "Los lanzamientos punto de partida de los sucesos de Alto Bíobío", Stgo. 1934, Nº 818.

* La Opinión: "La palabra del Ministerio del Interior sobre los sucesos del sur", Stgo., 4 julio 1934, Nº 819.

* La Opinión: "Allanamiento y clausura del Congreso de unidad sindical"; "Desafuero de Grove", Stgo., 5 julio 1934, Nº 820.

* La Opinión: "Con la represión sangrienta no se soluciona el problema de Lonquimay", Stgo., 5 julio 1934, Nº 820.

* La Opinión: "Si se recurre a la violencia para acallar el descontento de la opinión pública y la voz de las izquierdas, dentro de nuestros medios responderemos a la violencia con la violencia", Stgo., 23 agosto 1934, Nº 873.

* El Mercurio, 29 junio 1934.

* El Mercurio, 1 julio 1934.

* El Diario Ilustrado, 23 junio 1934.

* La Nación, 29 junio 1934.

* La Nación, 1 julio 1934.

* Juventud Obrera: "Pan y tierra. Es el grito de campesinos, obreros e indios del sur", Stgo. primera quincena de Julio 1934 año 3 Nº 8.

* Juventud obrera: "La clausura y prisión del Congreso", Stgo., primera quincena de julio 1934, año 3 Nº8.

* Defensa. "Víctimas del terror", Temuco, diciembre 1935, año I Nº 2.

* Defensa: "La represión de los campesinos de Lonquimay", Temuco, diciembre 1935, año I Nº 2.

* Defensa: "26 de junio de 1934: Lonquimay", Stgo., 23 marzo 1935.

* Llamas: "Algunos antecedentes legales de los sucesos del Alto Bíobío, Stgo., Centro de Derecho de la Universidad de Chile, 10 de agosto 1934, Nº1.

* Llamas: "En Ranquil como en Vallenar, el odio de clases se ha saciado con sangre de los explotados", Stgo., Centro de Derecho de la Universidad de Chile, 10 de Agosto 1934, Nº 1.

* La Ley: "De la matanza de campesinos de Bíobío", Stgo., 11 de julio 1934, Nº 13.

* Liberación: "La salvaje matanza de campesinos, obreros y mapuches de Lonquimay", La Serena, 13 de octubre 1934, año I, Nº 10.

* La Renovación: "El antiguo problema de las tierras fiscales", Valdivia, 2 de febrero de 1925.

* La Avanzada: "Puede darse completamente establecido que José, Bascuñán Zurita fue lanzado al río Laja", Talcahuano, julio 27 de 1935, año I Nº 30.

* La Avanzada: "Los Sucesos de Ranquil en la C mara de Diputados", Talcahuano, 6 octubre 1934.

* Cultura Obrera: "Lonquimay", Magallanes, junio 27 de 1936, año II Nº 14.

* "El Despertar Proletario": "La dictadura alessandrista descarga su odio a las clases explotadas, haciendo asesinar a obreros y campesinos a través del país", Iquique, julio 15 de 1934, año I Nº 3.

* Principios: "La insurrección campesina de Lonquimay", Stgo., 7 de julio de 1934, año I Nº 15.

* Acción socialista: "La sangrienta masacre de campesinos en el Alto Bíobío", Stgo., 9 julio 1934, Nº 11.

* Justicia: "Una amplia comisión de obreros de los sindicatos y organizaciones a Lonquimay a investigar los hechos de la

insurrección campesina", Antofagasta, sábado 25 de agosto 1934, año 2 Nº 143.

* Justicia: "Necesidad de apoyar las reivindicaciones por las cuales luchan los colonos de Ranquil", Antofagasta, miércoles 4 de julio de 1934, año 2 Nº 134.

* Justicia: "Por el pan, el trabajo, la tierra y la libertad, apoyemos las luchas de los campesinos y los indios", Antofagasta, sábado 7 julio 1934, año 2 Nº 135.

* Justicia: "Noticias exactas sobre el asalto hecho al congreso Nacional de Unidad Sindical", Antofagasta, 9 julio 1934, año 2 Nº 135.

* Unidad Obrera: "Respuesta revolucionaria de las masas a las política anti-obrera y anti-campesina del Gobierno, es el Congreso de Unidad Sindical de la FOCH", Stgo. primera semana, junio 1934, año I Nº 5.

* Unidad Obrera: "A sangre y fuego defienden sus tierras los campesinos del Alto Bíobío", Stgo. primera semana, julio, año I, Nº 5.

* Diario de La Tarde, 21 diciembre 1912.

* El Siglo, 22 julio 1941.

Folletos

* Folleto: "Propietarios de Chile: Frente a la organización de la Guardia Blanca y al amparo que se dispensa", imprenta Lers, Stgo., 1933.

* Boletín del Comité, Central del Partido Comunista, "La situación nacional e internacional y las tareas del partido", Stgo., febrero 1933, año I, Nº 4.

*   Boletín del Comité, Central del Partido Comunista, "Resoluciones del CC ampliado del PCCH celebrado el 13 de diciembre de 1932", Stgo., febrero 1933, año I, Nº4.

Indice

www.ingramcontent.com/pod-product-compliance
Lightning Source LLC
Chambersburg PA
CBHW071419150726
48000CB00001B/403